新韓国読本—10

インタビュー・21世紀の韓国人

韓国と日本のこれまで・これから

仁科健一
舘野　晳［編］

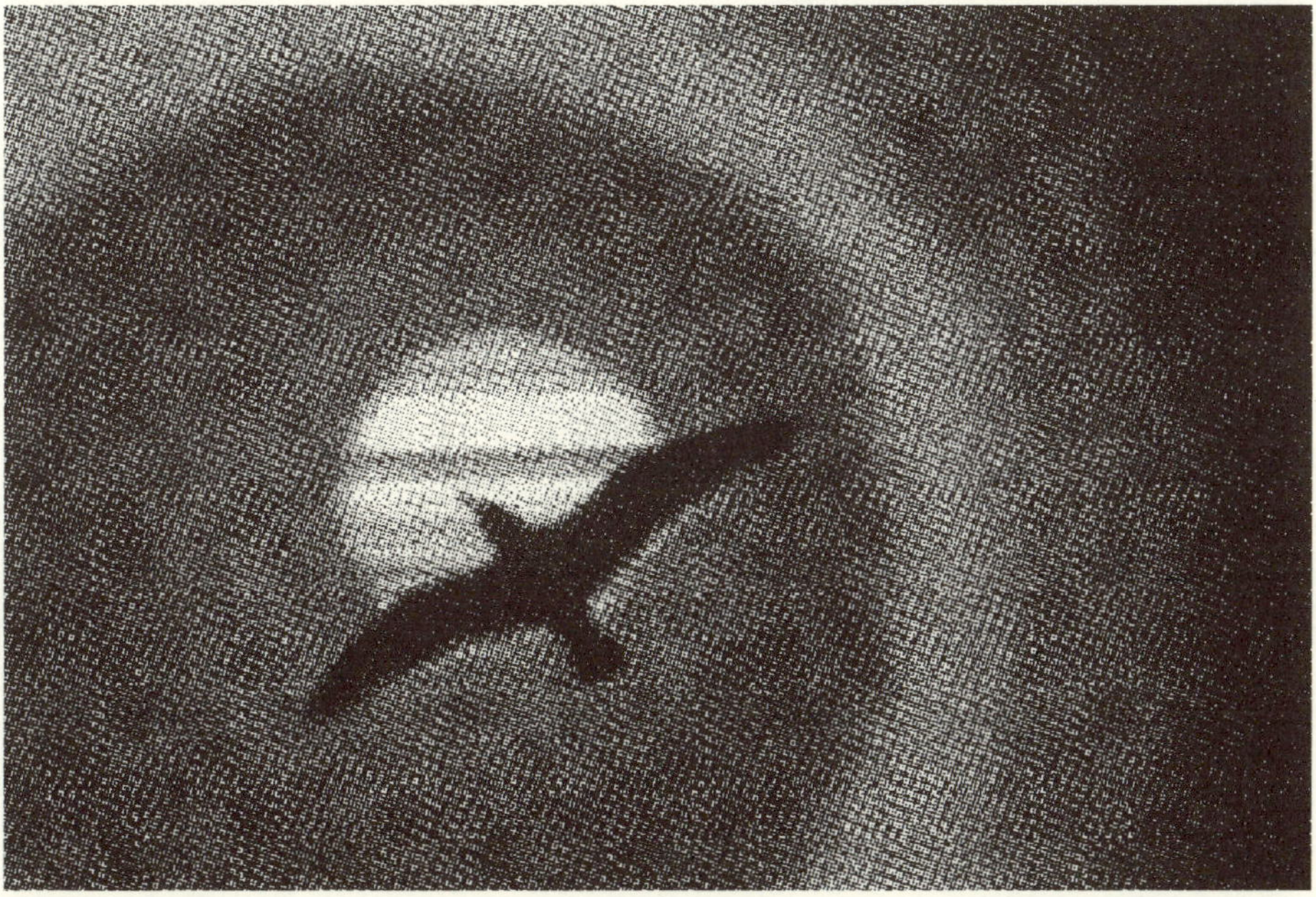

社会評論社

［新韓国読本］⑩——目次

インタビュー・21世紀の韓国人

韓国と日本のこれまで・これから

【21世紀を創る韓国人に聞く】

【日韓21世紀への実践】

21世紀を創る韓国人に聞く◉

この〈新韓国読本〉シリーズも一〇冊目を迎え、ひとつの区切りになるような内容にしたいと以前から考えていた。これまでは基本的に韓国で出たものを翻訳してきたが、今回は方法を変えインタビュー特集とした。今、いちばん会って話を聞きたくなるような人たちから、積極的によい話を聞き出そうという狙いである。

本章では、九〇年代に韓国社会の文化面で活躍して実績を残し、二一世紀も活躍の期待できる方たち六人からインタビューをした。インタビューのポイントはふたつある、といっていいだろう。ひとつは、韓国社会が急激な変化をとげる中で、この人たちはどんな仕事をしてきたのか、ということだ。その仕事について知ることが、すなわち韓国について知ることになるであろう、と思う。もうひとつは、そうした人たちに日本や日本人について語ってもらおうということである。

全体として、現代の韓国社会が一見したところ日本と多くの似た点を持っている一方で、それとはずいぶんとちがう性格も抱えているということが理解していただけるのではなかろうか。資本主義の発達した社会、情報化社会という面は日韓に共通している。その枠組みは日韓両国の社会に与えられた基本的な枠組みといっていいかもしれない。ところが、その枠組みの底流や歩んできた過程はちがう。そして、そのちがいを互いによく理解し補完しあうという関係が二一世紀には望まれるようである。

インタビューのトップバッター、チャン・ユニョンさんは「シュリ」のカン・ジェギュ監督とともに、韓国の映画界で最も期待される新鋭監督だ。デビュー作の「接続」は九七年の興行トップの成果をおさめ、九九年の二作目「テル・ミー・サムシング」も成功。二〇〇〇年三月には香港で「テル・ミー・サムシング」が封切りとともに旋風を巻き起こし、年内の日本での公開も待たれている。

二番目のシン・ギョンスク（申京淑）さんと五番目のコン・ジヨン（孔枝泳）さんは現代韓国を代表するふたりの女性作家である。シンさんが農村出身なのに対して、コンさんは都市出身。シンさんが私小説的な雰囲気を持つのに対し、コンさんは社会の現実に文学として挑戦しようとしてきた。常々対照的に見られる二人の作家だが、今日を生きる人間を描く書き手として、その共通の温かさを感じることができる。こまやかな内面の描写の作家といわれるシンさんは、思いのほか、人と社会との結び目について意識しているし、社会を個に投影させる文学に心をくだいたからこそコンさんが韓国社会で多くの人の共感を得たにちがいない。

　その意味では三番目のイ・チョルス（李喆守）さんも独特な人である。二〇〇〇年の今でこそ、イ・チョルスさんに似せたような作風の版画作品をよく見かけるし、一時はまがい物もずいぶん出回ったそうだが、九〇年代半ばに彼の作品が知られ始めた頃はとても新鮮な印象をもって迎えられた。この人のことは本書の「韓国民衆美術運動の一五年（下）」も参照していただくといいだろう。

　四番目のイ・ナミ（李那美）さんは精神科医で多くの著書がある。エッセイや新聞のコラムを通じて韓国でもよく知られているが、とても博識で興味深い日本論を聞かせてくれた。日本の精神科医である香山リカさんがサブカルチャーの面で活躍しているのに対し、イ・ナミさんは正統派知識人といったおもむきである。イ・ナミさんの紹介は日本でも初めてかと思う。

　最後のソン・ソッキ（孫石熙）さんはMBC（文化放送）テレビのニュースキャスター、アナウンサーである。これまでのいろいろなキャスターの中でも人気の高い、理知的な雰囲気の人。その職業もとても現代的であり、このインタビューに登場していただくのにふさわしい方ではなかったかと思う。

　これらの人たちの話から、韓国の社会をよりよくするための努力が、さまざまな文化的成果につながっていることを理解していただけるのではないだろうか。韓国社会の底力といったものを理解する一助ともなれば幸いである。

（仁科）

映画『接続』の宣伝チラシ

観客の見たい映画が私の撮りたいもの

韓国にも岩井俊二のファンがいて、日本にもハン・ソッキュのファンがいる。これからは文化の交流が国家を越えていくはずです。大ヒットした映画「接続」「テル・ミー・サムシング」の監督に聞く。

映画監督●**チャン・ユニョンさん**（整理／聞き手　石坂浩一）

九九年一一月、週末のソウルの映画館に長い列ができていた。九七年のデビュー作「接続」に続き封切となったチャン・ユニョン監督の二作目の作品「テル・ミー・サムシング」を見に来た若者たちである。上映後、観客たちは作中の人物について口々に語り合いながら映画館を出てきた。それだけ想像力をかき立て、見る者をとらえてはなさない作品だったのだ。「接続」はすでにビデオが日本でも出ており（ポニーキャニオン）、「テル・ミー・サムシング」は二〇〇〇年のうちに劇場公開される予定である。

韓国映画界の新鋭として二一世紀における活躍が期待されるチャン監督から、ソウルにある事務所でお話をうかがった。

はじめは作曲家志望

――一九六七年生まれとうかがいましたが。

チャン　はい。大邱《テグ》が故郷です。父は市庁に働く公務員でしたが、私が小学校五年生の時にソウルに転勤になりました。一〇年くらい前に定年になり、今は別の職についています。公務員の家庭ですから、そんなに貧乏でもなく、またお金持ちでもありませんでした。

――六七年生まれだと、子どもの頃から家にテレビがあったと思います。よく見たほうですか。

チャン　ええ。いろいろ、よく見ました。小さい時はマンガ、今でいうアニメーションをシリーズで見ましたし、あとプロレス。ドラマは母がよく見たので、一緒に見ました。

――勉強と遊ぶことと、どちらが好きでしたか。

チャン　まあ、人並に勉強もし、野球もし、サッカーもして……平凡な子どもだったんです。

――子どもの時の夢として、俳優になりたいと思われましたか。

チャン　いいえ。作曲家になりたいと思っていたんです。父がオーディオが好きで、高価ではないんですがいい音の出るものがあったんです。好きでよく聴きましたよ。クラシックもたくさん聴いたし、ポップスも。当時はフォークソングが流行だったので、フォークはよく聴きました。けれど、楽器を習う機会というのが、その当時は今ほどなかったし、父が私に音楽を習わせることに反対したんです。簡単にいえば、大学教授とかエンジニアとか、安定した職につけということですね。だから、もう少し大きくなると工学部系で行こうと決めました。自分はそれで一生飯を食っていくんだと。そんなわけで大学は電気工学科になったんです。

ここで、「接続」の音楽の使い方がとてもよかったことが、すぐに思い浮かんだ。「接続」のストーリーのポイントになり、また音楽の中心をなしていたのはベルベット・アンダーグラウンドだった。

――ベルベット・アンダーグラウンドもその当時聴いたのですか。

チャン　いや、あの頃は全然知らなかったです。やっぱりビルボードのヒットチャートに出てくるようなものを聴いていたから。ベルベット・アンダーグラウンドを知ったのは「接続」を撮る直前でしたが、とても新鮮に感じて。別に私は音楽について専門的に勉強したわけではないですが、子どもの頃から音楽をよく聞いたことが映画にも影響しているのでしょうね。

民主化運動の渦中で

——そうすると、大学に入って映画を始めた理由は何だったのですか。

チャン　八六年に大学に入りました。実は大学に入る前から友人たちと映画を見て歩いたり、テレビで放送されるものを見たりしていたのです。そして、大学に入ってから、自分はこれから一生、電気工学を勉強していくんだ。勉強が忙しくなる前の、割合時間のあるのは大学の一、二年生の時しかない。そう思って、何か面白いすごしかたをしてみたいと考えてみたんです。そこで映画を作るサークルに出会いました。映画は好きでそれまでにいろいろ見ていましたから、これだ、自分で作ったらいい思い出になるぞ、と思って。こうしてサークルに入り、自分で監督もすれば俳優もしてカメラを持つといった具合に、楽しくすごしていたんです。

ところが、そこで八七年一月にソウル大生の朴鍾哲《パクチョンチョル》君が捜査機関の拷問によって死んでしまう事件がおこります。私も自分なりの正義感でデモや集会に参加するようになり、韓国の民主化運動も五、六月には高揚期を迎えました。

映画の撮り方を学んでいた私は、その過程で学生たちの運動する姿を一緒にデモ隊の中に入って撮ったりして、ドキュメンタリーを制作しました。これが意外に好評だったのです。私自身、とっても面白くて気分がよかった。人びとが自分の撮ったものを見て喜んでくれるし、今を一生懸命生きる者たちの記録にもなるし。単なる趣味にとどまらず、社会運動にもなる。もちろん、電気工学で社会に貢献することもできるが、こういう媒体を通じた社会運動をして生きていくのも面白そうだぞ、と思ったわけです。

八七年の夏に拷問の問題を素材にした劇映画、ドラマですが「インジェのために」という四五分の作品を作りました。それをキム・ミンギさんの運営する演友舞台で上映することができるようになりました。いわば、かなり反政府的な映画でしたが、この年の一二月の大統領選挙を前にした熱気に守られて、けっこう長い間上映し、具体的な数字は覚えていませんが、たくさんの人に見てもらいました。私が映画を職業にしようと思ったのはその時からです。

ハンギョレ新聞社刊『映画監督辞典』のチャン監督の項には、「インジェのために」は取調室での拷問される者とする者の姿を、善玉—悪玉の構図をとりな

がらもテンポよく描き出して大きな話題を呼んだ、
と述べられている。

——そうすると監督がよく映画を見るようになったのは高校生の頃ですか。

チャン　いえ、中学くらいからです。でも、分析的に見たりマニアックだったりしたわけではありません。ただ、いろいろ見たというだけで。

——どんな作品を見たのですか。

チャン　記憶に残っている作品って、あまりないんです。まず「ターミネーター」、それから「鯨捕り」とか。裵昶浩《ペチャンホ》監督の作品はよく見ました。あと……００７、ジャッキー・チェン（成龍）はたくさん見ました。あまり出てきませんね。面白かったっていう記憶だけ残っていて、作品のほうは思い出せなくて。どんなジャンルの映画を意識して見たということもありませんでした。韓国の映画もよく見たほうです。「馬鹿宣言」はけっこうむずかしい作品だと感じました。あと、香港映画はたくさん見ています。

日本は普通の外国っていう感じ

――当時、日本にどんな映画があるか、御存知でしたか。

チャン　全然です。今ならビデオもあるし、日本文化院でも紹介するし、あちこちの大学でよく日本映画祭のような催しをしますが。このごろは学生たち、高校生も含めて、とりわけアニメーションにはすごく興味を持っているんです。けれど、私が高校生の頃はこうした機会がありませんでした。

――両親や祖父母から日本について被害を受けたと聞かされたことはありましたか。

チャン　私の母方の祖母は長生きしたので、日本について聞きましたが、祖母自身も昔のことで、敵対感というよりも「あの頃は大変だった」というように語っていました。日本語を使わされた、日本の名前を使わされた、といったことです。両親からはそうした話は聞いたことがありません。

――すると日本に対する監督のイメージというのは、どうだったのでしょう。

チャン　実際、私たちの世代には日本に対する漠然たる反感があるにはあるのですが、それはだんだん成長するにつれて漠然たる親近感になってきたといえるのではないでしょうか。今、私たちが過去の歴史のせいで日本に対する特別な感情を持つということはありませんね。たとえば、シンガポールやオーストラリアに対するのと同じような、外国っていう感じ。前に日本に行った時も日本のマスコミからそんな質問を何度も受けましたが、日本の映画や文化に対して歴史にこだわって敵対感を持つということは、韓国の若者にはもうないと思いますよ。

――学生運動の中では日本批判が出たことがありましたね。

チャン　それは日本人一般に対する批判というより、日本の中の保守的な考え方の人たちに対する闘争です。韓国にも極右的な集団があって、その人たちは日本のことをとやかく言うじゃありませんか。そういう人たちがいるのは日本も韓国も同じですよ。

映画グループ「チャンサンコンメ」

――よくわかりました。ところで、「インジェのために」を作った頃に監督は何か影響を受けた作品というのがありましたか。

チャン　ありました。私はジョン・ウー（呉宇森）監督がとっても好きなんです。「男たちの挽歌」がひどく印象的でした。簡潔でありながら緻密にできていて、感情移入できたし。最近になって見ると、ちょっと幼稚な感じがしますけど（笑）。あの当時は私の感覚にとってもフィットしたんですね。だから「インジェのために」を制作した時も、「男たちの挽歌」を何度もくり返し見て、アイデアをもらいました。拷問の場面が出てくるわけですが、「男たちの挽歌」はアクション場面が多いですから、どこから血が出れば自然な感じがするか、どういうふうに殴ればリアルに見えるか、照明はどうするか、カットとつなぎはどうすればいいか。いろいろな意味で得るものの多いテキストになったんです。

――その後、学生時代にどんな映画を作られましたか。

チャン　「インジェ」の上映運動があちこちで行なわれたんですが、この作品は四五分ですから、もう少し上映するものがいるということで、チャン・ドンフン監督の「その日が来れば」や今はミョン・フィルムの代表をしているイ・ウンさんの「陽射し」「工場のともし火」などが制作されました。自然と大学の映画サークルで活動する者たちが、上映運動を通して集まってきました。そこで、何か商業映画で作れない作品を撮ろう、みんなが見たいと思うようなものを――こうしてできたのが「おお！夢の国」です。私を含めた今言った三人が共同で演出し、近頃はあまり映画制作に関わっていませんが、ホン・ギジョン監督が脚本の草案を書きました。シナリオを仕上げたのは「インジェ」で一緒に作業をしたコン・スチャンさんでした。この映画が完成してから、上映に入る前に、このままバラバラになってしまわないで映画制作のグループを作ろうということになり、上映に先立って「チャンサンコンメ」という団体が誕生したのです。「おお！夢の国」のスタッフたちは、みんなこのグループに参加しました。その「チャンサンコンメ」の第二作が「スト前夜」です。

チャンサンコッ（長山串）は北朝鮮に位置する黄海《ファンヘ》道《ド》の地名。メはタカのこと。「チャンサンコンメ」のグループ名はこの長山串のタカにまつわる物語に由来している。

チャン　「スト前夜」の時は苦労しました。「夢の国」も大変でしたが、「スト前夜」は工場でとらなくてはいけない場面がたくさんありました。でも会社側から見れば、労働運動の映画をとろうという私たちのような「不純」な集団に場所を提供してくれるはずがありません。やむなく、社長はいちおういるけれど操業していない、廃業一歩手前の工場に行き、一か月間泊まり込みで撮りました。時間も限られていましたし、制作費も足りず、あれこれ頭を悩ませて。

――でも熱烈に支持されたわけですね。

チャン　ええ。こんな映画は初めてですし、労働運動というのは社会の一大関心事でしたから。ひとりの労働者が労働組合の結成に関わっていく話です。新しくある工場に入った労働者が、労働組合の必要性を感じ、同僚をひとりふたりと説得し会社との対決に立ち上がっていく。これはどこにでもある当たり前の話なのに、マスコミではこうした話はのせず、むしろ労働運動をおさえるような主張に終始していました。ですから、目立たないところで一生懸命闘っている労働者たちにとっては大変なカタルシスになったんです。私たちもあんなふうにやってきた、あるいは俺たちはまだあそこまではできてないな、という共感、自分たちの映画だという心情から、労働者や学生が支持したのだと思います。私は九〇年の三月にハンガリーに留学しました。「スト前夜」の編集をして、録音はこれからというところでした。この映画は支持が熱烈だっただけに、当局の上映妨害もひどかったんですが、実はそこは私は体験していないのです。

「スト前夜」はチャン・ドンフン監督がチャンサンコンメで制作した一六ミリ、九〇分の作品。九〇年四月六日に全国一一か所で自主上映が始まったが、翌日にソウルの上映会場に機動隊が導入され、フィルムと映写機が押収されたことから、上映そのものが闘争になってしまう。各地のスト現場で上映され、九〇年の表現の自由をめぐる社会問題になった。

大きかったハンガリー体験

――ハンガリーに留学した理由は何ですか。

チャン　当時、東欧の社会主義国があった時代に、韓国と最初に国交を結んだ国がハンガリーでした。私は一度見てみたいと思い、少しハンガリーについて勉強したんです。どんな人たちが住んでいて、どういう風に社会が動いているのか。第二は私が「スト前夜」を作りながら感じた限界というものを、ハンガリーで映画の勉強をして克服したかったこと。第三は、ハンガリーにサボー・イシュトバーンという監督がいたからです。私はこの人の「メフィスト」という映画が大変気に入っていて、ハンガリー国立映画学校の教授であるイシュトバーン監督に学ぶつもりでした。

サボー・イシュトバーンは日本ではあまり知られていないが、「メフィスト」が代表作。二〇〇〇年二月のハンガリー映画祭では数ヵ国合作の英語作品「サンシャイン」を発表した。「サンシャイン」はハンガリーのユダヤ人一家の三代にわたる物語で、オーストリア・ハンガリー帝国からホロコーストの時代を経て、共産党支配の時代にかけてのストーリーという。

——これまでの作品の「限界」という言葉が出ましたが、具体的にはどんなことなんでしょうか。

チャン　その時まで作ってきた劇映画は、たしかに労働者や大衆の見たい、聞きたいことを撮ってはきましたが、形式的にはハリウッド映画と同じコード、ジャンル、コンベンションに従っていたんです。もうちょっと深みのある、もうちょっと新しい器があるはずなのに、それは何だろうか、というのが悩みでした。もし社会主義国の映画人たちが同じようなことで悩んでいるとしたら、その試みを韓国でも生かせるのではないか、と私は考えました。今思うとずいぶん図式的な考え方ですけどね。当時はまだ自分の映画的な経験も足りなかったし、ものの見方や発想も豊かではなかったので、いわばずいぶんと狭い世界での悩みだったと思います。

ハンガリーに行って、そういうものの見方の狭さのような点はかなり解消されました。実は映画の勉強はほとんどできなかったんです。世の中が社会主義から大きく変わっていく渦中だったので、映画学校のシステムも変化の途上にあり、おまけにサボー・イシュトバーン監督が学校をやめてしまって（笑）。でも、あの時期にハンガリーにいたということは、私が生涯映画の仕事をしていく上で重要な意味を持ちました。学校では学べなかったけれど、それ以外のところで学んだわけです。

——具体的にはどんなことが印象に残っていますか。

チャン　学者の世界はもちろんそうですが、あらゆるところで、社会主義を守らねばならないという人たちと、いや社会主義は歴史を逆行させてきたんだから資本主義を受け入れ新しい社会を作らねばならないという人たちとが議論している。そうした中でそれまで権威を持っていた人はそれを失っていくし、一方ではファースト・フード文化のようなものが入ってきて、若者はそれにひきつけられる。そんな混沌とした状況がハンガリーにはありました。そこで私が驚いたのは、一年ごとに社会が大きく変化するということです。私は九三年に帰国しますが、一時は共産主義が勢力を盛り返した時期もありました。それが、私の帰国後にはハンガリーがＥＵに加入することになります。

そこで感じたのはヨーロッパの文化というものが持っている力が大きいんだなあ、ということです。同時に、学歴の高い低いに関わりなく、ヨーロッパが人間中心の考え方をとっているという点も驚きでした。どんな人間であれ、その人の存在、私という存在が否定されてはならない、その点では西欧資本主義というのは問題点もあるんだ、と冷静に認識していました。

――ヨーロッパの映画は見ましたか。

チャン たくさん見ました。東欧映画を中心に、ロシア映画も、それまで韓国では全然見られなかったので。映画を見られるところに一生懸命通いました。

――ワイダ監督の作品も?

チャン ワイダだけでなく、ポーランド、チェコ、ロシアなど。特にキェシロフスキ監督の作品は気に入りました。私の全然知らなかった監督たちの作品も見ることができました。学校に通った時間は、実はほんのわずかしかありません。語学研修課程に半年通って、そのあと一年間忙しくしていてサボってしまい、それから、一学期くらい通いましたかね。でも語学の面でついていくのが困難で、学校で勉強することは放棄してしまいました。そのかわり、言葉を学びながらこの国の社会や文化についてたくさん知りたいと思い、映画やオペラ、コンサート、展覧会、民俗文化の公演などに通いました。文学散歩のようなものにも参加しました。ハンガリーの文化に関するものはたくさん見てきたといえますね。そういえば、私は韓国にいた時、オペラやバレエは一度も見たことがありませんでしたが、ハンガリーではたくさんオペラを見て、その魅力を感じました。オペラのおかげで作曲もしてみたい、オペラの演出もしてみたい、と思ったほどですが、ともあれクラシック音楽の力を感じ取れました。

「接続」――商業映画への転身

――九三年に帰国されてから「接続」を撮るまで、どんな経過があったのでしょうか。
チャン 帰国してから「チャンサンコンメ」に戻ってきた映画作りをし勉強もしたかったのですが、韓国内の状況は私のいない間に大きく変わっていました。チャンサンコンメを支えていたのは社会運動だったわけですが、その力が弱まり、とりわけ学生運動の衰退で映画運動の活動する余地がずっと狭くなっていたのです。結局、会員たちはそれぞれ各自が新しいものを模索していこうということでチャンサンコンメは解散しました。私はこれからは商業映画をやるべきだと思い、イ・ウン監督らとともにプロダクションを作り、コマーシャル映画にまず着手します。ちょうど大田《テジョン》でＥＸＰＯがあったので、そのための宣伝映画や、ドキュメンタリー。ユ・ホンジュン（兪弘濬）教授の『私の文化遺産踏査記』という本がベストセラーになっていましたが、この本をもとに韓国文化を見直していくドキュメンタリーがほぼ完成していました。けれど、上映の機会に恵まれず、いまだに日の目を見ていません。その一方で、九五年から「接続」の準備を始めました。

――デビュー作には経済的な面を含め、苦労が多かったでしょうね。

チャン　はい。そもそも、イ・ウン監督たちと設立したプロダクションを運営していくこと自体、大変でした。「接続」の制作に投資してくれる会社を見つけることが何より問題でした。最初、放送局のＳＢＳ傘下のＳＢＳプロダクションに投資を求めたのですが、シナリオが長くなってくるにつれてスポンサーをおりてしまい、ようやくイルシン創業投資が制作に投資してくれることになります。次に問題になったのがキャスティングです。私も全然監督として知られているわけではないし、忠武路〔ソウルの地名。映画館や関連企業が集まっており、映画界の代名詞となっている〕で助監督をしたわけでもありませんから。苦労の末に、本当に運よくハン・ソッキュさんが出演を約束してくれて、それからはずっとやりやすくなりました。

――ハンさんとは前から知り合いでしたか。

チャン　いいえ。全然つながりがなくて、この時が初めてでした。最初、シノプシスが出たのを読んだ時は「面白いね」というくらいでしたが、だんだんシナリオができてきて、決定稿になった時、気に入ってくれたようです。いろんな俳優にその間、あたったんです。でも男優は「やろう」という人が誰もいなくて、結局ハンさんに戻ったわけです。

――チョン・ドヨンさんはハンさんのあとに決まったのですか。

チャン　ええ。ハンさんが決まったからチョンさんも決まりました。ハンさんはそれまでも映画界では主演級の俳優でしたが、チョンさんはそれまではテレビの助演級で映画に出たこともありませんでした。だから、周囲では「チョン・ドヨンで大丈夫なのか」という声もありました。でもとても意欲的で演技力のある人だと私は思っていましたから、結果として期待通りの仕事をしてくれましたね。

ハン・ソッキュは「シュリ」で日本にもよく知られるようになったので、あらためて紹介する必要もないだろう。チョン・ドヨンはテレビドラマ「愛の香り」でチェ・チンシルの妹役を演じるなど、おなじみの女優ではあったが、人びとにそれほど深い印象を残していたわけではない。それが「接続」によって一気に演技派の第一人者とされるほどになり、その後も次々と主演を引き受けた映画をヒットさせている。

——監督の作品は「接続」にしても「テル・ミー・サムシング」にしても女優たちをとてもきれいに撮っているという印象がありますが。

チャン　私の作品は女性が中心になる物語です。「接続」のチョンさんは、表面的なものよりも、人物の内面、純真で賢明で、なおかつこれと思ったことには強い意志を持てる人物像に美しさが感じられるにちがいない、と思って撮りましたが、それがアピールされているように見えるでしょうね。「テル・ミー・サムシング」のシム・ウナさんの場合は、もともときれいな人ですが、この作品では彼女が中心というより何かを物語る象徴のような存在ですから、より美しく見えるように、彼女の苦痛が憐憫につながるように撮ろうと、はなから目標を設定していました。

——封切前に「接続」がこれほどヒットすると予想できましたか。

チャン　まずパソコン通信の話なので、パソコン通信の愛好家は来てくれるだろうと思いました。それから、落ち着いた映画だから、二〇代中盤くらいの女性たちが支持してくれるだろう。うまくいけば二〇万人くらいは見てくれるかなと思ったんですが……二〇万というのは採算点ですから、損をしなければ上出来と思って封切を迎えたんです。それが封切直後から反応がよくて、すぐ楽観できました。三〇万いくかな……と思っているうちに、爆発的に観客が見に来てくれるようになったんです。当惑しました、正直にいって。

——それまでにも「イチョウの木のベッド」のような作品は別として、韓国映画は映像の美しさで不満が残るという点がありました。それが、「接続」によって若い層から「私たちの好みに合う作品が出てきたんだ」と歓迎され、ソウルで七〇万人を動員するヒットにつながったのだと思います。その意味で、私は「接続」が韓国映画史の新しい時代を画する作品になったのではないかと考えていますが、いかがでしょう。

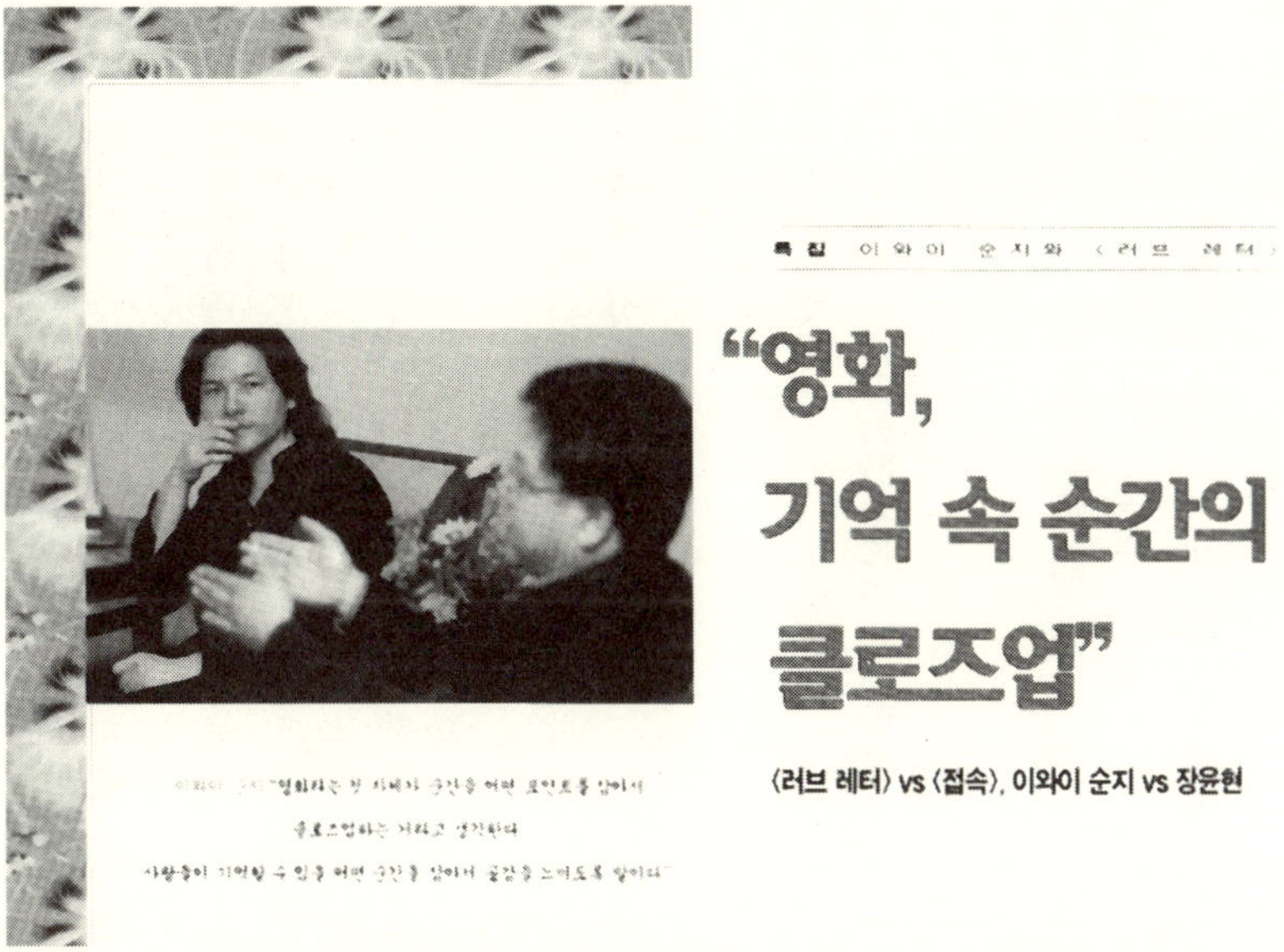

특집 이와이 순지와 〈러브 레터〉

“영화,
기억 속 순간의
클로즈업”

〈러브 레터〉 vs 〈접속〉, 이와이 순지 vs 장윤현

チャン監督と岩井俊二監督の対談をのせた『シネ21』(99. 11. 23 号)

チャン　「接続」は落ち着いたわかりやすい、でも映像をしっかり見ていかないとついていけない作品ですから、画面が退屈だったり不自然だったりしてはいけない、だからできるだけ移動ショットも多用し、音楽にもストーリーにも親しみがわくような配慮をしました。ですから、ちょっと人為的な場面も入れて、作り込んだ画面という感覚で見せようと考えました。技術スタッフもその意図をよく理解してくれて、大いに成果をあげましたね。この作品がほかの作品とはちがうぞ、というイメージを与えることができたんじゃないでしょうか。その後の韓国映画は、「接続」が示した水準は備えるようになって、韓国人が韓国映画を見直す契機になったでしょうね。映画史というのは蓄積された力が少しずつあらわれてくるもので、あるひとつの作品ですべてが変わるというものではありませんから、「接続」をそんな風にいわれても困ります。私が思うに、九〇年代に韓国映画を変える契機になったのは、第一が「トゥー・カップス」で、第二が「イチョウの木のベッド」です。「トゥー・カップス」は観客に対してストーリーが与える満足度で新しい水準を示し、「イチョウ」は技術的完成度。これが韓国映画の力量をつけたのではないでしょうか。

「イチョウの木のベッド」はほかならぬ「シュリ」の

カン・ジェギュ監督のデビュー作である。さて、チャン監督はその後、「接続」や「クワイエット・ファミリー」の助監督のパク・テヨンがメガホンをとった「恋風恋歌」のプロデュースをしたが、この作品は興行的に成功しなかった。チャン監督は「コンセプトがあいまいだった」と反省する。だが、助監督の経験のなかった彼にとって、ひとつの作品ができるのを見守っていくプロセスを体験できたことはプラスだったという。

「テル・ミー・サムシング」の世界

――「テル・ミー・サムシング」の制作にはどのように着手されたのですか。

チャン　人間と人間との断絶についての新しい映画を作りたいと思いました。「接続」が断絶を克服しようとした作品だとするなら、「テル・ミー・サムシング」は断絶が深まっていく悲劇的な作品です。「接続」以降、韓国ではたくさんのメロドラマ映画が作られたので、またメロドラマで勝負するという選択はありませんでした。私自身がメロドラマに食傷していたところでしたから、まして観客がそう思わないはずがありません。新しい素材でやらなくてはと考えていました。ちょうどその時、私たちと一緒にプロダクションをしているク・ボンファンさんがシノプシスを書いていました。それが私の考えていた人間同士の断絶、そこからくる悲劇的な結末、社会の痛みのようなものを描こうとしている点で、よく一致したのです。これはやってみる価値があるということで、クさんと作業を進めました。

シナリオに約一年かけ、九九年の二月か三月にハン・ソッキュさんが出演をOKしてくれました。それでほかのキャスティングも難なく決まっていきましたね。助演ではチャン・ハンソンさんがもともと演技のうまいベテランですが、ここ三年ほど映画に出る機会がなかったので、この作品をお願いし見事に演じてもらいました。ヨム・ジョンアさんはこれまでは、しとやかで女性的なイメージの役をつとめてきましたが、彼女は本来性格がさっぱりしていて背も高いし男性的なんです。そんな女性が登場したら魅力的だろうな、と思ってキャスティングしました。急に今までとちがった役で自然な演技ができるかどうか心配もしましたが、思いのほかよかったです。

――ヨムさんは日本でこの映画が上映されたら、きっと人気が出ますよ。あんなイメージの人、日本ではけっこう好まれますから。

チャン　そうですすか。彼女にはまた機会があったら、あんな役柄をしてもらいたいと思っているんです。

「テル・ミー・サムシング」は、ソウルで発生したバラバラ殺人事件の捜査にあたるチョ刑事（ハン・ソッキュ）と同僚のオ刑事（チャン・ハンソン）が、被害者の恋人であるという女性チェ・スヨン（シム・ウナ）とその親友オ・スンミン（ヨム・ジョンア）らと出会うが、かえって真相の把握に混乱し、ついに次なる犠牲者まで出て、事件の解決に悩むというドラマ。映画界では「韓国初のハードコア・スリラー」と注目された。捜査にあたるチョ刑事が何とかスヨンの心を開かせ真相に近づこうとする思いが、タイトルの「テル・ミー・サムシング」にほかならない。チャンさんの商業映画監督二作目である。

――今回は資産に頭を悩ませることもなかったでしょうね。

チャン　はい。シネマサービスという強力な配給会社がついてくれて、そちらのほうは心配ありませんでした。でも、この作品は私がこれまで撮ったものの中でも特異な映画ですから、その面でいろいろ考えさせられました。今日、ヨーロッパでも日本でも、また世界的に映画は斜陽産業といいます。その映画が大衆を引きつけようとするには、つまりクラシック化せず同時代の大衆メディアとして支持されるためには、どうすべきか。それに対する答をこの作品で出していきたかったからです。送り手から受け手に送られる一方通行の映画では、そういう斜陽産業といわれるような流れは止められない。多くの人たちがインターネットに習熟しているのを見る時、映画もインターネットのような双方向のメディアになる方向をもっとめざすべきではないか。すると映画にとって双方向とは、どういうことなのか。そんな風に自分の中で考えを煮つめていきました。

たとえば、「接続」では、ハン・ソッキュの昔の恋人の存在、交通事故の場面。はっきりとは説明されませんが、どういう結びつきがあるのか観客が推測する。映画館という空間の中で観客は想像力を働かせ、そこから出てくる時におのずとその映画についての話を推理し、やりとりする、それによって私が映画を作った過程を観客も体験する、そんなことができないだろうかと考え、スリラーというジャンルを選択したのです。感情を組織化するにとどまらず、観客もともに推理する。「テル・ミー・サムシング」の二時間という時間の中で、主人公に対して考えをめぐらし感情を移入するとともに、さらに事件の真相や他の登場人物との関係、ストーリー展開についてそれぞれの人が心の中で組み立てたイメージを構成していく、いわば見た人がそれぞれのストーリーを作っていけるような作品にできたらなあ、と構想したのです。「接続」で試みた方法を、スリラーというジャンルでもう少し発展させていこうと思って、この作品を作りました。しかし、そのように観客を導いていける「過程」を生み出していくのが、実際とてもむずかしかったです。「接続」の時も登場人物をめぐる、直接映像にあらわれない物語やプロフィールをたくさん作ってみましたが、この作品の場合、「接続」の二倍くらい、そうした物語を作ってみて、あらゆる可能性を込めた形で作り上げていきました。これが、とても骨の折れる作業だったんです。表面から消した部分のために、観客がその手がかりをつかみにくくなってしまうところが出てきたり。だから、撮影とかでもいろいろ苦心はしましたが、やはりクランク・インまで、脚本を仕上げる作業が一番大変でした。特殊な映画ですから、不安もありましたが、封切されて結果を見ると、よくやったんじゃないかと思っています。映画館を出てくる人たちがあれこれ映画の話をしているようすを聞くと、成功したのかなあ、と。

韓国と日本の情緒的近さ

——「テル・ミー・サムシング」は現代社会に対する不安や人間に対する懐疑といったものを物語っていると思いますが、こうした課題は日本にも共通しているでしょう。日本の映画については、どのようにお考えですか。

チャン　私はハンガリーで初めて日本映画を見ました。黒沢明とか。そこでいいなと思ったのは、ヨーロッパ人はわからなくても、私たち韓国人には共感できるところがあるなあという発見でした。韓国と日本は文化的背景はちがうのに、面白いことですよね。「楢山節考」をハンガリーで見た時も、同じようなことを感じました。韓国に帰ってからは、森田芳光監督の「それから」がとても印象的でした。それから「(ハル)」や「Love Letter」など、面白そうだと思う日本映画は見てきました。私は日本の映画史やその流れについて深く知っているわけではありません。その過程で、文化的ちがいよりも感情面での共通項がたくさんあるんだなあということを感じました。

森田芳光監督の「(ハル)」はパソコン通信を素材としている。そのため、「接続」は「(ハル)」の剽窃だという無責任な意見がパソコン通信などで流されたこともあった。

チャン 「接続」の撮影中、日本に「(ハル)」という作品がありパソコン通信を使っているということを、私にインタビューした雑誌の記者から初めて聞きました。そこで、フィルムを借りてきて韓国で見たのですが、全然ちがう映画でした。全然ちがう映画でありながら、何かを模索しようとする意識、主人公のふたりの会う形など、似たところが多かったので、とても驚きました。私としては、嬉しかったです。私と同じようなことを考えている人がいたんだなあ、と。同じ時代を生きている者として、似たような悩みを抱えていることがわかりますから。韓国社会と日本社会が共通して持っている情緒、感じ方、愛。

そして、私が今回、スリラーという方法を選択したもうひとつの理由は、これまで社会や組織の発展の中で犠牲にされてきた個人というものの価値を取り戻すべき時だと思ったからです。今は、自分が好きなもの、自分が願うこと、自分の愛するもの、自分が存在するために必要なものこそを、人は求め、手にしなければならない時代です。だから、自分自身に帰ってくる話、それはつまり愛の話だと思いました。とても私的で個人的な。ところが、ここで私はまた、自分の発想があまりに個人の側にかたよってしまったのではないか、と思うようになりました。今の社会でスポットライトを浴びることのできない、社会についていけなくなっている人たちのことを、私が理解できなくなっているのではないか、と不安に思ったのです。私が前回はメロドラマを作りましたから、今度は「接続」が通じないような人たちを描いていこう。そう思った時、スリラーというジャンルはとてもフィットしたのです。世紀末という状況にも見合うでしょうし。

「脱国家」の時代の文化交流

——「接続」や「テル・ミー・サムシング」が大衆から支持されたことの意味について、どうお考えですか。

チャン 私は観客が見たいと思う映画を作りたいと常に考えてきました。観客の望むものは何か、それは私が望むものと一致しているか。これまでもそうでしたし、これからも観客の望んでいる映画になれば、と思っています。そのために、観客の気持ちや動きを常に考えていきたいです。商業映画、大衆映画は、ファッションを作っていく大衆の動きをいち早く解釈し、次のファッションへのかけ橋の役割を果たすべきではないでしょうか。それが私の望む映画です。

——二一世紀に向けた抱負を語ってください。

チャン　この前、岩井俊二監督と対談をした時、こんな話がでました。岩井監督に共感するところが多かったのですが、産業革命以来およそ百年の資本主義の発展の中で、人びとの意識も変わり、国家という権力やヘゲモニー、それに伴う戦争も生み出されてきました。しかし、これからはデジタル革命の中で、国家の権力が後退し企業がヘゲモニーとして立ち現われ、やがては企業も後退して個人のレベルに権力が集中するようになるのではないか。そうすると、個人個人の心の中で戦争がおこっていくのではないか。そこではひとりひとり、多くの個人が苦しみの困難にぶつかっていく。すると、われわれはそうした問題をすっきりと整理し新しい価値観を示していく必要があるのではないか。新しい理念でもいい、よりどころでもいい、象徴的なあり方、精神が必要ではないだろうか。そんなことから、次の作品は英雄の映画を撮ろうと思っています。まだ具体的な方向は決めていませんが。

——日本映画や日本人に対して望むことを最後にお願いします。

チャン　これから国家の境界というものは次第に重要でなくなる時代に入っていくでしょう。国家のあり方を問い詰めていくよりも、今存在する個人、その存在がより認められていく脱国家の時代になっていくように思います。日本も韓国も。そこでは、文化や個人の交流が国家を越えていくはずです。これまで日本映画の開放が是だ非だ、といっていたことも、とりたてて意味のない話になってしまうでしょう。韓国にも岩井俊二のファンがいて、日本にもハン・ソッキュのファンがいるように。先日の釜山《プサン》国際映画祭で「情事」のイ・ジェヨン監督が、日本で半分、韓国で半分を撮影する作品を作ろうという話が決まりましたが、私はこれに大きな期待をしています。彼はまわりの環境にわずらわされずに撮れる人ですから、すごく面白いものができるんじゃないかと思うんですね。日本と韓国を近付ける、とりわけ若者たちを近付けるものになるといいです。

　私もこのところ日本に行って、日本の若者たちを以前より身近に感じられるようになりました。これから、韓国の観客だけでなく、日本の若い人たちも意識して、いい作品を作れればと思います。

（一九九九年一一月取材）

いつまでも若い人びとに共感される作品を書きたい

作家●シン・ギョンスクさん（整理／聞き手　石坂浩一）

これまで大きなことばかり考えてきたけれど、感受性とか人の気持ちが省みられる、そんな契機に私の小説はなったのかもしれません。九〇年代、多くのベストセラーを生んだシン・ギョンスクさんは語る。

九〇年代後半、書店の文芸ベストセラーのコーナーには常にこの人の本がおかれていた。〈新韓国読本〉でもたびたび紹介してきたシン・ギョンスク（申京淑）さんは、韓国で今、ウン・ヒギョン、コン・ジヨンといった作家とともに最も人びとから共感を得ている。シンさんは恥ずかしがり屋で、たくさんの人の前で話すのは得意ではないが、インタビューでは面白い話をたくさん聞かせてくださった。二一世紀にもこの作家の美しい文体の作品を読めることを願いつつ、御紹介しよう。

なお、〈新韓国読本〉では、これまで③で「オルガンのあったところ」、④で「冬至の日」、⑦で「ニワトリを抱いた少女についての短い物語」、⑧で「伝説」を訳載してきている。主要作品に長編『深い悲しみ』『離れた部屋』『汽車は七時にたつ』、短編集『オルガンのあったところ』『久しき昔、家を離れて』などがある。一九六三年生まれ。

農村の暮らしの豊かさ

——子どもの頃はどのようにすごされましたか。

シン　自然の中で育ったというのかな。冬になるとたくさん雪が降って、一度降り始めると二、三日はずっと降り続くような村です。共同体的な雰囲気で、村に五〇戸くらい住んでいたでしょうか。大きい村ではなくて、シン氏がたくさん住んでいます。一番近い都市が全羅北《チョルラプク》道《ド》の井邑《チョンウプ》ですが、そこから少し田舎に入ったところです。今のたいていの作家は都市化を幼年時代に経験しているわけですが、私は例外的でしょうね。田舎で育って、畑の仕事も体験しているし、自然をよく描写するとか、土についての話をするとか、文学作品の中にもそのことがよくあらわれているみたいです。あるいは家で飼っていた家畜の話とか。それも、はたで見ていたというのではなく、自分で体験した話です。小説の中によく出てきます。

インタビューに先立って一緒に食事をしたのだが、その時に面白い話が出た。韓国ではイヌを食べるのだが、シンさんの村でもやはりイヌを食べることがあり、それはイヌがペットではなく家畜と考えられていたから、食べるのに抵抗がなかったというのである。そして、今はイヌを韓国で개（ケ）と呼び、ペット的なニュアンスをたたえた言葉になっているが、農耕社会での伝統的な人間との関係の中では구（ク＝狗）と呼ぶのがふさわしい、とシンさんはいう。思わずナルホドと感じる話だった。実際、一七世紀朝鮮の有名な料理書『飲食知味方』にはイヌは「狗」と出てくる。シンさんはこうした古書の名称を知っていたのだろう。

——お手伝いというのはいつごろからしましたか。

シン　お手伝い？　小さい時から何でもするんですよ。六歳くらいにでもなれば。「セットリ」といって、畑で働いている大人たちのところに間食やお酒を持っていったり、弟・妹たちをおぶって世話をしたり。母も畑仕事に出ますから。まだ直接農作業はできなくても、いろいろなことをするんです。

——小学校は近くでしたか。

シン　五キロくらい離れていたでしょうか。町の小学校まで歩いていきました。アカシアの並木道やあぜ道をてくてくと。カバンを持って山も越えなくちゃいけません。春はネコヤナギも咲き、ヨモギも生えてくる、夏は夏なりの、秋は秋なりの道を歩いて行くんです。一時間一〇

分か二〇分かかりました。大きくなるにつれて、かかる時間は短くなりましたけど。まだ小さい時は、兄たちにおんぶしてもらったり、手をつないだりして通いました。今もいろいろなことを思い出しますが、いくつかの時期の思い出がまざっているような気がします。小学校は、町の子も来ますから一学年に四クラスか五クラスあって、割合大きかったです。

――どんな子どもだったんですか。

シン　このところ、私、昔に戻っていくみたいなんです。ソウルに出てくる以前、小さい時の私はとても明朗でお手伝いもよくするし、よく笑って。上にこわい兄が三人もいますから、もう毎日大騒ぎですけど（笑）。その保護の下で暮らすわけだから、不安感はなかったんです。三番目の三歳上の兄をはじめとして、つらい時は誰かがなぐさめてくれて。だから、子ども時代は豊かに育っていたといっていいでしょう。都市と田舎は経済観念がちがうじゃないですか。田舎にいれば、田んぼや畑に行けば食べるものがあるから、おカネはなくても困らない。刺激的な計算高いものは、まだ入ってきていなくて。自分が貧乏だと思ったことは全然ありませんでした。考えてみれば貧しいのは事実なんですが、精神的にはちっともそれを感じずに育ったんです。

私小説的といわれながら、日本の小説とシンさんの小説がちがうのは、こういう点かもしれないと思う。人間的な温かさへの信頼や希望のようなものがそこにはある。そして、九九年に結婚して新しい家族を形成し始めたことも、「昔に戻っていく」シンさんの明るさと関係があるかもしれない。

家や家族への愛しさ

――外で遊ぶことが好きでしたか。

シン　いいえ。兄が三人、下に弟や妹がいて、いつも弟をおぶって暮らしているようなものでしたから、遊びに出る時間なんて、あまりなかったんです。学校から戻ると、母は畑に出て、私が弟を見て。弟たちは、もう私のことをお母さんと思ってたみたい。私が外に出なくちゃいけない時も、弟をおぶって出たんですから。

――本はよく読んだのですか。

シン　本そのものがあまりなかったですね。今でもよく覚えていますが、三番目の兄がどこからか本を借りてくると、まず私が読んでいました。本以外のものは兄たちが持ってきても、あまり関心がなくて。屋根裏部屋のような物置のようなところに入って読みました。小学校三、四年生の頃だったか。人魚姫とか、主としてアンデルセン童話のような本でしたが、兄が借りてきてくれたものを読む以外は読むものがありませんでした。そのうち兄が借りてきた本をみんな私が先に読んで隠してしまうものだから、私が来ると兄のほうがさっと本を隠したり（笑）、屋根裏のようなところに私がおいておいた本を兄が取り返してきたりして。あの頃は屋根裏にいると、ノミみたいな虫がはねてたりするんですが、そんなことは気にならないくらい一生懸命読みました。いってみれば、文字に飢えていたようなところがあって、何かを包んであった新聞紙を熱心に読んでみたり。

田舎の村だから本はあまりなかったのですが、中学生になって自転車で通うようになり、学校の前の三〇ウォンだったかで本を一冊貸してくれるお店によく寄るようになりました。たくさん読めるようになったのもその時からですね。どれがいい本かもわからずに、片っぱしから読んだみたい。

――『離れた部屋』にラジオをよく聞いたという話が出てきますが、テレビはいつから見たのですか。

シン　テレビは私が都会に出るまで、家では見たことがありませんでした。中学を卒業してソウルに出てくるまで、村にはテレビがなくて。電気がついたのも小学校六年で。山奥でもないのに、ひどく遅かったですね。電気があるのとないのとでは、完全に生活がちがうじゃありませんか。夜になると暗闇の中で暮らすのと、明るい電気の下で暮らすのとは。私の幼い頃は自然の光しかなかったのに。ほかにも、着るものだって自分たちで織ったり縫ったり、ごはんもかまどで火をおこして炊いて。それが、電気が入ってきたことでガラリと変わった。私にはとても大きな衝撃でした。私の世代でなければ経験できない衝撃。私には電気のなかった時の記憶がたくさん残っています。ランプが足りなくて、夜中に宿題ができなかったこと。母が朝早く起きオンドルに新しい火を入れると、床がだんだん温かくなり、子どもたちはアレンモㇰ（部屋の中のオンドルの焚き口に近いところ）に寄っていき、ぬくぬくして布団から出たがらない。においというものも、電気が入ってきて、なくなっちゃったでしょ。火のにおいみたいなもの……昔もまた、よかったんです。

——家や家族に対するいとおしさというものがシンさんの作品からは感じられますね。

シン　故郷を離れたのは自分が都会に出たかったからではなくて、大人たちにそうしろといわれたからでした。両親はとても教育熱心でした。さっき、貧乏をしたという記憶はないといいましたが、実際は貧乏だったんですね。村ではましなほうでしたが。それで、都会に出して少しでも勉強の機会を与えたかったんです。すでに兄たちもソウルに出ていましたが、私にとっては思春期に家を離れたということで、かえって故郷の家への思いがつのったといえるでしょう。だから、文学をしてきたのも、そうして失った家を取り戻そうとするようなものだったかもしれません。思春期に経験した喪失感がずっと心の中を占領していて、家族への恋しさを持ち続けてきたというか。むしろ、もっと長く故郷の家で暮らしていたら、そんな風には感じなかったでしょうね。家を離れてしまったからこそ、よけい帰りたい気持ちになるんです。それに新しく住んだところが故郷の家と少しでも似たところがあればまだしも、全然似ても似つかないようなところで。庭もないし……もちろん、今も庭のないところで住んでいますけど、自分が育った家の庭のイメージは頭の中にずっと残っています。

——「ニワトリを抱いた少女についての短い物語」にあるような幽霊の話や、「冬至の日」に出ている村の言い伝えのようなものには、もともと関心があったのですか。

シン　私が故郷にいた時に、そういう話はたくさん聞きました。人が死んでも霊魂は残っていて生きている人たちを見つめていると大人たちはいっていましたし、私の家は本家だったので祭祀もよく行なって……都市に出てきてからもそうですが、世の中には科学の力で説明できないことがたくさんあるような気がします。これまで、私自身がとても思わしくない状況にありながらも、それを脱することができたという経験をしてきました。たとえば、ほんの一瞬のちがいで死ぬかもしれないような危機を逃れたとか、急にパッと何かが割れたとか。それは自分の力じゃないような気がするんです。何か宗教的な力、神さまや仏さまのようなものの力がおよんだような。うまく表現できませんが、私の祖先で若くして亡くなった人とかが、何かの縁で私のことを守ってくれているというような。

——すると、それは外部的に何かの対象としてあるというよりも、自分とともに、自分の内部にあるという感じですね。

シン　はい、自分とともにあるというのが当たっていますね。以前に不慮の事故で親しい友人を失ったことがありましたが、その後、その友人が私と一緒にいるような気がして。その友人の代わりに自分が今生きているんだと思える部分もあります。そんなに明確にいえるわけでもないんです、あんまり衝撃的なことだったので、よく受けとめきれずにそう感じてしまったのかもしれないし。パッと明るい光が見えて、あの子がここまで来てくれたんだな、と思ったり。そんなことなんですが……この冬は雪がたくさん降ったんですが、私はちょっと暗めのところで仕事をするたちなので、そうして部屋で作業をしていたら、何かおかしな感じがするんですね。それで窓をあけてみたら、雪がしんしんと降っていて……「あの子がいるんだな」と思ったり。それが悲しみなのか、喜びなのかは、自分でもよくわかりませんが。そんな風に感じることが、よくあるんです。人間の人生というのは不安定なものですから、何かに頼ろうとしているのでしょうね。

シンさんの作品には幽霊の訪れとそれを受けとめる主人公を描いた「ニワトリ……」や「久しき昔、家を離れて」、霊の乗り移りを物語る「野原の中の高台の空き家」（『すばる』九八年八月号、安宇植訳）、若い男女の昇天の伝説をイヌの語りで描く「冬至の日」など、独特の雰囲気の作品がある。霊は人間のありかたをいろいろな形で反映しており、インタビューでのシンさんの発言はその文学世界の一端を説き明かしてくれる。

小説家を志して

――作家になろうと思ったきっかけは何だったのでしょうか。

シン　中学に入ってたくさんの本を読んでいく中で、作家というよりも、文章を書く人の人生っていいもんだろうなって思いました。それと、本に活字として書かれていることは、自分で本を出すようになるまで、一度も疑ったことがありませんでした。だから、たとえば本の誤植があるじゃないですか。それが自分のよく知っている言葉であっても、本のほうがまちがっているとは思わずに、自分が書く言葉を直すようにしたほどです。それほど本というものを信じていたんですね。

そうして中学を卒業し高校に入って、小説を書くんだ、と思うようになりました。ソウルで通っていた高校の先生がある時、私に提出させた反省文を読んで「小説家になったらどうだ。なかなかよく書けてるぞ」とほめてくれたのです。それまでは漠然と「文章を書く人」と思っていたのが、先生のひとことで小説に変わりました。それ以来、今日に至るまで、小説家になりつつあるところですよね。もしもあの時、先生が小説家ではなく詩人といったなら、私は詩人になっていたでしょう。きっとそう。

あとで作品を発表するようになってから、先生にこの話をしたら、先生はこういうんです。あれは本気で小説家になるだろうと思ったんじゃなくて、何か不安そうにしていて励ましが必要だと考えていったんだ、と。それにしても先生は「本当にそんなことといったかなあ?」と。私にきっかけを作った先生自身が「本当に小説家になっちゃったのか」と驚かれていました。

シンさんは中学卒業後、ソウルに来て昼間は工場で働きながら、夜は夜間高校に通っていた。その学校は永登浦女子高校付属産業体付属特別学級という、九老工業団地に働く女子労働者のための場所だった。ここで、シンさんの将来を「予言」したのが国語の先生であるチェ・フンイさんだった。一九四二年生まれで、ずっとヒラ教員として生き、教職員組合の活動でも尽力したチェさんは、九九年に『ヒラ教員は美しきかな』という回想記を出版した。シンさんはこの本にチェ先生の思い出の一文を寄せている。作品的にはこの時期のことは、長編『離れた部屋』に描写されている。

――小説家になりたいという目標は定まったわけです

が、どんな小説がお好きでしたか。

シン　中学校時代からは、韓国文学全集のようなものをずーっと読んでいきましたから、ほとんど読んでいない作家はありません。わかりもしないのに、羅稲香《ナドヒャン》、張竜鶴《チャンヨンハク》、孫昌渉《ソンチャンソプ》……本が好きだったおかげで、体系的に読むことはできたようです。その韓国文学の全集みたいなものが百冊あまりあったと記憶しますが、それを通して解放後、七〇年代初めくらいまでの主要な作品はほとんど読めたんじゃないでしょうか。どういうわけか、そんなシリーズが貸本屋さんにあったんですね。ソウル芸術専門大学の文芸創作科に入学してからは本格的に読み始めて、金承鈺《キムスンオク》や呉貞姫《オジョンヒ》の作品、現代文学にもっぱら関心がありました。この大学というか、この学科は私にとってとてもいい場でした。

――金東里《キムドンニ》の作品とかはいかがでしたか。

シン　金東里先生の作品も好きです。でもあまり作品を残さなかったでしょ。短編が中心で。「坐女図」とか、今読んだら、昔とちがう感じがするかもしれませんね。大学に入ってからは、七〇年代の現代文学、今から見るとずいぶん昔になってしまいますが、韓国の同時代の作品を読んでいきました。李清俊《イチョンジュン》とか、韓国の作家からたくさんの影響を受けたように思います。私は韓国の小説にもいいものがたくさんあると思うんですが。

――外国の作家はいかがですか。

シン　フランスのマルグリット・デュラスという作家。ほかに古典といわれる小説は他人に負けないくらい、ひととおり読みました。日本の作品も韓国ではたくさん翻訳が出ていますから、川端康成、太宰治、夏目漱石のような古典は読みましたし、最近翻訳されている今の作品もたくさん読んでいます。

　これまで、日韓の作家が一緒に会議をするというので私も参加はしましたが、こっけいだと思うのは、韓国の作品がほとんど翻訳されていませんから、日本側は読むことができないということです。その一方で日本の作品はたくさん翻訳されているから、私たちは日本のものを読んでいる。結局、作家と作家の対話が成り立たないでしょ。作家と読者の会議になっちゃって。それが残念です。私の場合、まだ短編がいくつか訳されていますからマシなほうで、全然紹介されていない人もいるし。ちょっと断絶を感じます。日本は力の大きな国だから、そうなんでしょうけど。

日本がこんなに近かったなんて……

——話は変わりますが、家族から植民地時代の話はいろいろ聞かされましたか。

シン　私の村はあまり日本と関連しての話って、聞いていません。日本のおまわりさんというのはとてもこわいものと思われていたので、「おまわりさん《スンサ》がくるよ」というと子どもがこわがる。これは日本の支配の影響のようですが、もともとの由来を考えて村の人がこういうのではないようです。祖父母が早く亡くなったせいか、私は六・二五（朝鮮戦争）についての話はとてもたくさん聞きましたが、日本についての話は記憶にあまりありません。

　兄が借りてきた本にはマンガも多かったのですが、その中に韓国の独立軍が日本軍と戦うという物語がありました。そんな風にして日本という国を知っていったのですね。

——高校にあがって以降は、どんな風に日本をイメージしていましたか。

シン　学校で教わったイメージですね。「日帝三六年」とか。おかしな話ですけど、作家会議で日本に行く前は、私は日本というのがとても遠い国だと思っていました。ずっと遠くにある……それがこんなに近いなんてね。よく知らなかったんですね。だから、日本についてのイメージを求められても、けっこう困ります。別にイメージがないんです。

　歴史的なものを棚上げにすることはできないとはいえ、いったんそこから離れていえば、私は日本はとても気に入りました。田舎では静かできれいな門構えがあって、洗濯物がきれいに干してあって。都市はソウルとちっとも変わらなくて、また行きたいとは思いませんでしたけど。

　どこだったか、田舎で大きな本屋さんに行って、詩の朗読をしたりしましたが、そこで日本の若い作家とも話をして感じたことがありました。韓国人と日本人はそれぞれちょっとちがったものを渇望しているのではないかと。韓国は七〇年代から九〇年代まで激動の時期が続いて、ものすごく社会の変化が急激で大きかったんです。とても大きな事件が起こり、それがちゃんと決着のつかないうちにまた大きな事件がおこる。あまりにいろいろなことがあって、それに疲れたというのでしょうか。どうかもうちょっと静かに暮らせないものだろうか、という気持ちになります。ところが、日本人はあまりに静かな日々が続いていることにあきあきしているようでした。隣りの国なのに、こんなにちがうものなのかなあ、という気がしました。

韓国では八〇年代、民主化運動を通して人びとが大挙して街頭に出て社会を変えていきました。その中で、労働現場などに入り、現場の文学や現場の芸術というものを模索した人たちもいました。ところが、九〇年代に入っても、こうした現場で動いていた人たちの文化というものが形骸化した形で文化芸術の世界に流れ込んでいます。それは新しい表現を生み出せずにいます。むしろ芸術の軸を形成していくのに本質的に妨げになるのではないかと私は思うのです。

そうした、政治が先行する文化が尾を引いた韓国とは反対に、日本ではより狭くなり、より小さくなり、より細かくなる方向にあるようです。ともあれ、一〇年単位で、この時代はどうで、次の時代はこうで、といえるような変化の激しい歴史を持った国は、不幸な国だと私は思います。共同体の中の個人が持つことのできる権利や尊厳やらが切り縮められていて、それを回復できる機会をのがしてきたんですから。

まだ代表作は書けていない

――シンさんの作品は九〇年代の韓国でとても多くの人たちに好まれたわけですが、その要因は何だとお考えですか。

シン　よくわからないんですよ（笑）。よくわからないんですが、さっき話したことの延長線上でいうならば、今まで理念とか、とても大きなことを考えてきた、でもそろそろ、これまで大切にかえりみる余裕のなかった感受性とか、人の気持ちの問題、当然守られ花開いてしかるべき個人の問題を発見する、あるいは発見までいかなくても共感できる、そんな契機に私の小説がなったからではないでしょうか。

――もともと韓国人はほとんどが農村に住んでいたわけですが、近代化の中でたくさんの人が都会に出てきて、もう故郷には戻りたくても戻れない。そんな時代になっていると思います。人びとはだんだんと都市に根をおろしつつある、でも大都市という環境、共同体から切り離された人間関係の中で、韓国人はまだ不安定な感じ、不安感を抱いていて、シンさんのような作品を求めるのではないか、と私は翻訳をしていて思ったのですが、いかがですか。

シン　ああ、それはいい解釈みたい（笑）。でも、私が書いてきたのは、そんな作品ばかりではありませんから、やっぱりよくわからないですね。

――『離れた部屋』がシンさんの代表作だといわれますが、そうお考えですか。

シン　まわりの人はそういいますが、また「オルガンのあったところ」を代表作とする人もいますし、私自身としてはまだ代表作は書いていない、という感じです。これからも創作活動をしなくちゃいけないし、未来がありますから。書き手自身の評価とまわりの人の評価はちがいますし。

『離れた部屋』

――『離れた部屋』に出てくる働きながら高校に通った時代というのは、苦労の多かったつらい時代でありつつ、一方で郷愁を感じるような時代なのでしょうか。

シン　あの時期は私にとって心の負債、負担感のようなものとして存在しています。社会的にもそうだし、個人的にも。バスに乗ったりすると、友だち同士楽しそうにしている女子高校生たちを見るじゃないですか。そんな姿を見て、あんな時代が私にもあったんだな、あの頃に戻りたいな、なんていう人が時どきいますけど、私はそんなことは思いません。私の心の中に最も強く焼き付いている時代であることは事実ですが、それは一番つらかった時代ですから。私にとって大切な時代だったことははっきりしています。でも、個人としては暗い時代でした。

今、インタビューのテープを聞きながら原稿化していて、『離れた部屋』についての質問はちょっと愚問だったように思えた。ただ、ソウルに来てから大学に入るまでの時代がシンさんにとってどんな意味を持つのかは、やはりきいておきたいことだった。向学心やみがたかったシンさんは、お兄さんの援助で大学に通えるようになる。生活は苦しかったが、八〇年代初めだったことを考えると、この時代の一定の層の人たちが甘受しなければならなかった経験だったといえよう。八五年に「冬の寓話」で『文芸中央』の新人文学賞に当選したシンさんは、以降意欲的な創作活動をして、九〇年には初の短編集『冬の寓話』を出す。そして九三年に第二の短編集『オルガンのあったところ』を出してベストセラーとなり作家としての地位を固めた。

なお、第三の短編集で九六年に刊行された『久しき昔、家を離れて』が、私が質問で言及した故郷や家族に関わる作品を多く収録したものになっている。また、『冬の寓話』には長編の同名作品の原形ともいうべき短編「離れた部屋」が収められている。

昔のようにはなれないが、大切なものがある

――今後の創作活動に向けた目標や抱負をお願いします。

シン　自由に、本当に自由に書いていきたいです。これまで、まったく自由でなかったということではありませんが、たくさんのことに縛られていたのも事実です。私が三〇歳くらいまで生きていた社会環境の中では、そんな条件が存在していました。でも、これからは本当に自由に。私はほかの人の作品を読んで、作家とともに作品が老いていく例を目にしてきました。だから、私が死ぬ直前まで、自分の作品がその時の若い層の共感を得られるようにしたい、というのが私の抱負ですね。

――今、人びとは都市にますます集中し、核家族化が進んでいます。家族というものも二一世紀には新しいありかたに変わっていくと思いますが、創作活動とも関わって、どのようにお考えでしょうか。

シン　私がこれまで幼い頃に体験してきた家族というものは、もはや立ち戻ることはできないと思います。最近出した『汽車は七時にたつ』も、本格的にではありませんが、漠然とそんなことを考えながら書きました。新しい家族が二一世紀に形成されるのは確実ですし、ひとりで暮らす人もひとりが家族です。結婚して子どもを作ってという形をとらない家族がいろいろ出てくるでしょう。友だち同士の家族もありうるし……そこでは家族に対する認識の変化が必要ですよね。これまではひとつの家族はひとつの血筋で結びつけられているものと考えられてきましたが、もっと新しい形がありうる。同時に、ひとつの血筋だからひとつ屋根の下に住むものだ、といって人を縛りつけることもできない。そこで、私が思うに最少限、人がともに暮らす期間があると思うんです。子どもが小学校くらいまでか、一定の成長をとげるまでの親と子どもの関係のように。ところが、幼い時に父母の離

婚などを経験することも少なくないのが現実です。だっこしてあげたり、おんぶしてあげたり、スキンシップというものが、人の体温を感じることが、あらためてとても大切になるのではないでしょうか。なぜなら、人にそうして包まれた記憶を体で持っている人は、他人にもそうして温かく接してあげられるから。そうした経験がないと、たとえ自分の子どもであってもスキンシップがうまくいかない。たとえ核家族になっても、幼い時に子どもを温かく包んであげる大人が求められていることだけは確かです。それが、新しい形の家族の中に必ずなければならない、人間的で大切なものと思いませんか。私は祖母にだっこされて育って、子どもの時代、友だちにくっついたり手をつないで歩いたりということをしましたが、近年はそういう姿を見ることは減りました。いつからそんな風にしなくなったのか。そんなものがきっと必要なのに。

ぬくもりの記憶はシンさんの文学の特徴といっていいと思う。もう昔のようにはなれない、でも大切にするべきものはあるというモチーフは、シンさんの作品を読んでいただければ、「ニワトリを抱いた少女についての短い物語」や「久しき昔、家を離れて」によくあらわれている。

――今後、日本や日本人に望むことをお話しください。

シン　作家としては、自分の作品をよい翻訳、よい出版社を通じて多くの人に読んでもらいたいということです。韓国人としては、お互いに親しくなれれば、ということでしょうね。私が日本に行った時も、自分が外国を旅行していると思えないほど、とても似ていました。お互いにたくさんの出会いを通して、よい文化を作り上げていければいいです。お互いにずいぶん変わったんじゃないでしょうか。もともと歴史的に不幸なことがある以前は、日本人とのあいだに特にいい印象も悪い印象もなかったはずですから。敵対視するという感情が消えつつあって、よいところで影響を与え合い受け入れ合っていこう、というように。歴史の問題でいろいろな議論が出ていますが、これも新しい和解の時代を迎えようとしているからこそではないかと思います。北朝鮮との問題も同じで、本当にうまくいけば、と願わずにはいられません。文化というのは、いわば見えない力ではありませんか。それが互いに尊重され、より大きな力を発揮できれば幸いです。

（二〇〇〇年一月取材）

暮らしのなかから〝美〟を見出す

文化的にも社会的にも、受動的にしか自分の生を描けないこの社会では、与えられた人生を疑わせるように仕向ける人が必要なんです。絵を描く人間がそれをしなければ、と「農作業をする絵描き」は語る。

版画家●イ・チョルスさん（整理／聞き手　町田春子）

ソウルの大きな書店、例えば教保《キョボ》文庫やヨンプン文庫に行ってみよう。そこに行けば必ず版画家イ・チョルス（李喆守）さんの作品に出会えるはずだ。毎年暮れに出るカレンダーや、絵はがきやカード。それに数々の本や雑誌の表紙……。「暮らしの中の禅」をテーマに制作された芸術作品は、こうして人々の生活の場で親しまれているのだ。

忠清北道堤川《チュンチョンブクトチェチョン》市のとある山あいの村。ここで農業を営みながら家族と暮らすイ・チョルスさんにお話を伺った。（なお、本インタビューと関連して、本書所収の「韓国民衆美術運動の一五年」、とくに一四五頁を参照してほしい）。

文学と美術に魅かれて

——いつのお生まれですか？

イ　一九五四年です。ソウルで生まれました。五〇年代後半、朝鮮戦争が終わったばかりの貧しい時代に育ちました。幼年期の記憶はあまりありません。身体が弱くて熱病をわずらったりしたから、ところどころ記憶が途切れているんです。聞くところでは特に問題なく育ったようです。経済的にもそのころまでは特に問題なかったようだし。

——とおっしゃると……?

イ 植民地時代に父や父の兄弟が日本に留学していたんですよ。裕福だったようですよ、祖父が。叔父は勉強がよくできた人で中央大学に行ったそうです。父は産業専門学校。卒業してから貿易を始めて日本と行ったり来たりしていたようですね。私が子どもの頃は日本の子供服などがとてもよかったんですが、いろいろなものを買ってきてくれました。見た目にはお金持ちの家の子どものように見えたことでしょう。朝鮮戦争の時に破産してからだんだん貧しくなりました。植民地時代のことを考えてみると、私の家は苦労せずに生活したほうだから祖国のために一生懸命奉仕したとか、そんな家ではなかったわけです。独立運動をしたとか、そんな話は一回も聞いたことがないですね(笑)。

——学校に上がってからはどんな子どもでしたか?

イ 本が好きでした。漫画をよく読みましたね。漫画史を見れば出てくる漫画ですが『ライパイ』とか……。『ライパイ』というのは水中眼鏡みたいな眼鏡にヘルメットをかぶって後ろにマフラーをなびかせながらオートバイに乗るという「正義の味方」ですね。いろんな漫画を読みましたが、全部父が買ってきてくれた記憶があります。

——中学校に入ってからも本をよく読まれたんですか?

イ そうですね。しろという勉強はせずに勝手に本を読んでいるような子どもでした。でも子どもでお金がなかったので、古本屋で主に文庫本を買いましたね。解放後に東西の古典などがたくさん出版されていたんです。とても良い本でしたね。高校の時には『思想界』や『文学界』『創作と批評』などから影響を受けました。金芝河《キムジハ》先生の詩や当時問題になっていた作品もいろいろ見ていました。

——高校の時は美術サークルでも活動されていたそうですね?

イ はい。その時は主にデッサンをしたり、水彩画を描いたり、風景画を描くためにあちこち出かけたり……。

——当時から美術家になろうと思っていらっしゃいましたか?

イ 中学時代から文学にも関心があったので、文を書いて生活する人になろうかと考えていて習作したりもしました。小説や詩なんかを一生懸命書いたりもしたんですけど、それが後になって絵と文章が一緒になっている作品を作ることになった根源というか、根っこになったというわけです。

――それでは、文学をするか美術をするか、いろいろ悩まれましたか？

イ　その時は何であれ、私が選択すればできるという状況ではありませんでした。だから何をするようになるかという問題について確信を持つのは難しかったです。だからその時は文学と美術の両方を勉強しながら模索していました。

世の中を変えるための絵

――高校を卒業後はどうされましたか？

イ　軍隊に行くまではあちこちさすらうように過ごしました。絵も描きましたが、たくさん本を読みました。一人でいろいろな勉強をしていました。

――絵も独学だったのですか？

イ　ええ。七〇年代末から八〇年代に入るまで習作を一生懸命しました。その時は朴正熙《パクチョンヒ》政権の終わりの頃でいろいろなことを考えていました。無名画家で経済的にも苦しかったのですが、そのような個人的事情にとどまらず世の中が権威的で、何というか、ファッショ的な感じがあったために日常的にとても反抗的な態度で過ごしていました。主にそんな本を読みながら生活していましたから。世の中を単純な目で見ていたともいえるでしょう。それから、その頃文学の方では『創作と批評』を中心に、現実に関して抵抗的で情熱的な芸術家たちが既にたくさん活動していました。それを見ながら「文学にはあるのになぜ美術にはないのか？」という思いをいつもしていました。それで、誰もしないならやってみようか、という考えもあって非常に反抗的で激しい絵を描いたんです。当時は世の中を変えてやろうという風に思っていましたから。たぶん心理学的には、いろんな面で報われたいという心理も同時に働いていたんだと思います。「欠乏している」と感じていたんです、さまざまな理由で。今よりずっと若かったですから。当時は論理的な抵抗よりも心情的な抵抗が強かったんだと思います。そうしているうちに八一年のデビューを迎えたんです。

八一年の初個展は各方面に鮮烈な印象をもって迎えられた。この時展示した作品は韓国に特徴的な黄土とオンドルの床に貼る油紙を使用した独創的なもの

だった。

——当時の作品は非常に独特で、韓国的な材料を用いたものでしたね？

イ　私は正規の美術教育を受けられなかった人間ですし、人文的な教養を独学で習得しなければならなかった状況がありました。美術的な理解という面でも、外の世界を幅広く理解しながら見るという機会は相対的に少なかったんです。本はたくさん読んだといっても、そのような素材を選択した点や絵にどのような内容を込めるのかという次元では少々偏狭な考えをしていたと思います。だから、材料選択の面でも当然小さな枠の中で選ぶことになったのです。それから当時の私には民族的な考え方が強くありました。この前、当時私が書いた文章を見る機会があったのですが、言葉づかいに悲壮感が漂っていて、古典的な、まるで植民地時代か朝鮮朝末期の知識人の表現みたいでした。

——でもデビュー作を載せた『日陰に咲く花』に書かれた民族独自の美しさに関する文章には感動しました。現在の作品にも通じるものがあると思うのですが。

イ　特殊性を普遍化しなければならないという民族独自の美術のあり方について書いた文章のことですね。それは言ってみれば一人で整理した美術理論だったということになるでしょう。現在にも繋がっているかどうかという点では、広い意味ではそういう側面もあると思います。私はそういう考えを全て捨ててはいませんから。でも過去のようにただ狭い意味での国粋主義者や民族主義者であっては、もう二一世紀を生きていくのは難しいと思っています。だから私たちの重荷になる民族主義などから論理的に脱皮したくなってからずいぶん経ちます。

でも、その時も今でも思うのは環境として存在する情緒、例えば民族的な感情や感性といったものには避け難い民族性が存在するということです。だから植民地時代や、または西洋文化がわれわれの社会の主流になっている現在でも依然として韓国人は独特な韓国的な選択をするでしょう? そんな意味では民族的なものが全て消える必要はないと考えています。ホームページにボタンがありますよね? クリックするボタン。そのボタンを私の絵にしたいという人がいてとても良い考えだから許可したんですよ。そのように、韓国人の口に合う食べ物のように、口に合うイメージがあるんですよ、実際に。そんな役割をこれからもずっとしていければよいと思っています。

ただ問題はそのようなイメージを健康的に生かして使うことができるかということでしょう。伝統文化であっても健康的に生かすことのできるものとそうでないものがあるでしょう? そのような選択の問題は依然として存在するように思います。八〇年代初頭は世の中を変えようとする欲望と、そのことを通じて私自身を世の中に明らかにしようという欲望の二つを強く持って暮らしていました。世の中も変えなければならないが、私が世の中から存在を確認されなければならないという考えを強く持っていました。欲深かったんです。今は欲の質がちょっと変わったのではないか、と考えています。

民衆美術運動への関わり

——それにしてもデビュー展はかなり注目を集めたそうですね?

イ　まったく思ってもみなかったことですが、デビュー展はいろんな方面に大きな反響を引き起こしました。たくさんの人と知り合いになりました。主に八〇年代に韓国民主化運動を推進した、よく知られている人たちです。私が会いたかった人に全部会えて、そんな人々の間で話題になったようです。いろんな人が私のところに訪ねてくるようになって……そんな風に変りました。その時絵もたくさん売れました。お金が全くなかったので借金して個展をしたのですが、それを返してもまだたくさん残るくらい、ずいぶん売れました。その頃は画廊でも絵がそんなに売れるとかいうことはなかった時代だったにもかかわらずです。なぜそこまで私を助けてくれたのか分からないですね。画廊の主人が驚くほど。

――どんな方が買われましたか？

イ　もう昔のことだからよく覚えていません。八一年というともう二〇年前のことですからね。たぶん、当時民主化運動をされていた文化芸術人の方々が買って下さったんだと思います。徐南同《ソナムドン》牧師や姜元龍《カンウォニョン》牧師といった方々も買って下さいました。絵も、荒い絵でしたから商品価値があるようには見えなかったはずなのに。

――どんな点が魅力だったんでしょうね？

イ　当時は社会現実に対して激情的な言葉で語る絵がほとんどなかったために、新鮮な感じがあったのだろうと思います。本当は怖い絵に見えたはずですが。

――八一年というと民族美術運動が本格的に始まった頃ですね？

イ　私がデビューする前の年に「現実と発言」というグループがした展示が社会的な問題になりました。その時は美術運動という言葉がなかった時期でした。美術運動する人自体がいなかったんですから。だから私の個展は韓国社会で美術運動が始まった時期の最初の五つの行事のひとつぐらいに数えられると思います。そういうわけで、「現実と発言」のメンバーのほとんどが私の展示にきてくれました。激励しにきてくれたんでしょう。その時は民衆美術の萌芽期だったといえるでしょう。例えば私もそうですが洪性潭《ホンソンダム》さんや金鳳駿《キムボンジュン》さんなど、版画でよく知られたメンバーたちがお互いを知らずに絵を準備していた時です。互いにどこかにこんなのがあるはずだとも考えずに、それなりに現実に関する鬱憤を絵を通じて吐露していた時だったのでしょうね。

――ところで、先生はいわゆる運動からは距離を置いて活動されたようですが……。

イ　組織運動自体が当時は珍しいことでもあったんです。それからほかの人たちのように学校の中で学生運動を通じて互いに連携があったりとか、そういう経験が私にはないでしょう？　独学で絵を勉強したから。デビューするまで一人だったから。だからデビューはしたけれど私と絵で繋がっている人はいませんでした。「現実と発言」では私を引き入れようとする人もいたんですが、辞退しました。

――なぜですか？

イ　自信がありませんでした。それに私と同質性があるとはあまり思えなかったんです。現実に対する見方という点ではもちろん尊敬に値しましたし同質性もあったと思いますが、私が持っていた情緒はもう少し古臭い感じのものでした。非常に郷土的というか。そのような理由のために辞退したんですが、以降も組織では活動しませんでした。そうこうしているうちに、すぐ民美協（民族美術協議会）ができて、そこでは活動しました。でも八三年だったかな？　田舎の方に引っ越したので組織的な活動はできなかったんですよ。田舎暮らしをずっとしていました。わざと組織活動はしないと考えていたわけではなく田舎で、ここよりもずっと深い田舎で、農村生活を始めたんです。だから組織活動をするにはちょっと無理だったというわけです。それから、当時も今でも美術運動だけに私を局限させたくはないという考えを持っています。今も農民団体で講演をしたり多様な団体と関係があります。けれども私はその団体に属するのではなくたいてい文化的、美術的な作業を通じて絵を貸すという活動をしてきました。絵を作ってその人たちが活用できるように。

小さな地域で役割を果たす

――例えばどんな団体ですか？

イ　ＮＣＣ（韓国基督教教会協議会）のような団体です。七〇年代、八〇年代は民主化運動の中心でもありました。そんな団体が私の絵を機関紙の表紙にしたり連載する時期がありました。仏教団体にも本の表紙を描いてあげたり、仏教運動が起こった時にも関連する絵を描いてあげたり。そんな役割をずっとしてきたんですよ。私はそういう仕事が重要だと思ったんです。

どこかの組織の構成員になってその仕事に一生懸命奔走するのももちろん重要で、そういった仕事を誠実にしてきた、美術運動に寄与したたくさんの人たちがいました。だからそういった意味において私が大きく寄与したと思ったことは一回もありません。私はどこでも小さな役割だけをしてきたと考えているのですが、できるだけ私の持つ技能を用いてできることを私なりに最善を尽くしてやってきたと思っています。だから組織で献身的な活動をすることは相対的に少なかったんです。直面している現実に対してもそうだし。それに私は十分に整理されていないままで、とにかく動くことから始めようというタイプにはなれないんです。よく考えてから動きだす人間なので。初めて田舎で暮らした時もそうですが、農業文化と民族芸術との関係といったことを考えながら田舎に行ったんです。これは私が「農作業をする絵描き」になった今に至るまで流れてきている考えですが、私は美術家としての活動以上に農民としての私の存在が重要だと思っています。だから私は農作物を育てることを一生懸命やります。単純に絵だけで働きたくはないんです。絵を描きながら農作業することも熱心にできるようになったということは私の人生の発展だと考えています。

現在は環境運動にも強い関心を持っています。団体は環境運動と文化芸術団体の二つだけに属しています。環境運動連合と民芸総（民族芸術人総連合）。私は民芸総の支部長をしているんですよ。この地域に民芸総ができてからですから、ずいぶん経ちました。だから、全く団体活動をしないのではなくて、私は私が住んでいる周りの地域社会での役割をすることが重要だと考えているんです。中央でするのよりも。だから、ローカル・プログラムに関心を持っています。

——それはなぜですか？

イ　「身土不二」ってあるでしょう？　身近な所で採れるものが身体にいいという。私は文化的にも自治できることがいいと思っています。地方自治。文化的にも何かというと中央中心、西洋中心、巨大文化、巨大資本中心……社会がそんな風に流れていますよね。全世界がそうだからだんだん地域文化がすたれていくんですよ。土着文化が全部消えて。そんな事実が悲しいんです。この山奥の田舎でもテレビさえつければソウルと同じ番組をやっているでしょう？　事実私の子どもたちも昔のように、自分たちの固有の文化の中で遊んで成長することができたらいいのに、今やとても難しくなりました。中央の、力のあるものが全てを支配しているのは文化的にも同じだから経済的には言うまでもないでしょう。私は、私みたいな人でも地域社会で小さな地域のために何か役割を果たすことが重要だと思っています。私はソウルにはほとんど行かないんですよ。もちろん雑誌に作品を連載する時などはソウルと関係するから行きますが、ソウルに行く代わりにここでこのように暮らして地域社会の人たちとつきあったりするということの方がいいですね。今度の春にはこの近くの派出所の壁に絵を描いてあげるんですよ。近くにいる若い後輩たちと一緒にやってみるつもりなんですが、派出所から連絡がきたんです。こういうのって良いでしょ？　こんなことこそ文化芸術が存在して実際に何かをしようとする時の美しい方法であると思います。

ここまで伺ったところで夫人が手づくりのカボチャのお粥を出してくれた。ほかにも自宅で収穫したというピーナツや松の粉で作ったお菓子など全て手作りだ。

――おいしいですね。

イ　農産物もできるだけ買わないんです。私たちが自分で耕して、利用して、考えて……。そういうことが私には意義あることなんです。それは私の絵にも関係していると思っています。どんなことだか分かるでしょう?

――はい、分かります。個人的にちょっとうらやましい気もします。

イ　うらやましいという方は多いですよ。でも問題はすべての大韓民国の人たちがみんなこんな風に暮らすわけにはいかないということでしょう。少なくとも都市環境は都市環境なりに改善しなければならないし。なんといってもソウルみたいな環境にずっと生きていくことはできないですよ。改善しなければ。でもそれは悲しいことですよね。このことは、われわれの社会が自然な発展過程を経ることができなかったため、なおさらそうだといえると思うんです。われわれが植民地時代以降について残念に思うのはそれです。

韓国社会も変わらなければ

イ　でも今になって植民地時代のことを持ち出して全部悪いことをそのせいにするのは間違っていると思います。とにかく責任はわれわれにあると思います。私は日本の人たちに対して単に敵意だけを持ってすべて解決できると思ったことは一度もありません。植民地支配すらも、韓国式に話をするなら、受けるだけのことがあったから受けたという心情であって、朝鮮の人には罪が何もなくて日本の野望だけ、帝国主義的野望だけが問題だったとは思いません。それは、このように言ってよいのか分かりませんが、客観的に見て私たちのように当事者である国の国民としては、決して自己反省的な態度なしに植民地支配に関する非難や批判をしても何の意味がないということなんです。健全な日本の知識人たちが日本の植民統治を批判していることも私たちはよく知っていますけれど……。

植民地支配を受けることになった国民としてはずっと深く反省してこそ話が可能になるわけでしょう。韓国人はしっかりしなければと思うんです。そんな意味で、私は私の絵についてこんな風に考えているんです。私にできる、何か韓国的な美しさのようなもの、または韓国の人々の生から生まれた思考方式や思い、私の絵にはそのような話がたくさんありますよね。それらについて私は渾身の力を込めて、質を高めようということだけを考えているんです。そのことを通して日本人であれアメリカ人であれ、何か関係が持てれば良いと思うのですが、その時に私たちの能力が足りなければいつだって軽蔑の対象になるのは当然のことだと思います。日本文化に対しても何かというと悪い性格の文化のように考える人が多いでしょう。でもなぜ日本文化が全部悪いなんて言えますか？　私は子どもたちに『となりのトトロ』や『おもひでぽろぽろ』などのアニメーションを見せるんですよ。本当に偉大な漫画ではないですか。そうでしょう？　私はそのような文化を「倭色」という名で拒絶したり見るのを妨害したりする理由はないと思います。良い文化を選別して受け入れることは国民の力量です。文化的な力量。

——それでは、日本とはどのような関係を築くべきだとお考えですか？

イ　私は、技術的なものであれ、文化的なものであれ、または道徳的な問題であれ、日本を通じて韓国社会が見ていかなければならない部分をたくさん学ぶことができる関係になったらいいと思っています。今の政権はその点で開かれているように思いますね。

もう一つは、日本の知識人社会も文化人社会も韓国に対して真の愛情を持っているのなら、もう少し批判的な態度を持つ必要があります。日本の人たちは礼儀正しすぎるんですよ。韓国人はそんな風に行儀のよい言葉は受け入れません。だから、「あなたは本当に賛成しがたい人物だ」と言わなければならないと感じた時にはそのように言ってあげるのがよい関係であると思っています。だから、大韓民国を崩壊させたくなければもっと率直に言ってくれればいいですし、崩壊させたければそのまま今のようにまちがいを放っておいて良いところだけ適当に言う、ちょっと率直ではない関係を維持して、そうすればいいでしょう。私は韓国社会が悪口も飲み込まなければならない部分がたくさんあると思っています。私たちも自分たちで一生懸命悪口を言って回ったりしていますけれど、既に外側からの非難も聞かなければならない時期ですし、そうしてこそ発展し、変化が生まれると思っているんです。

でも、事実私たち韓国社会にも肯定的な変化の兆しがないとは思っていません。外国人の目には韓国社会はあまりにも雑然としていて治しようもないように見えるかもしれませんが、私たちのようにこの社会に長く暮らしてきた人の目で見ればそれでもここに至って何か肯定的な変化が起きているのは事実です。それは外からは感じられないでしょう。「感じ」です、言ってみれば。洞窟の中に長くいた人は澄んだ水が少しだけ入ってくるのも感じ取ることができます。でも澄んだ水の中にいた人は洞窟の中に澄んだ水が入ってきたのかどうか分からない。例えば、保安法のようなものをなくそうとわっと言っても誰も捕まらないことだけ見たって、すごく大きな変化ですよ。このような自由化自体が、民主化が私たちの社会を大きく変えていくことでしょう。私はその過程で単純に道徳性を、表面的な道徳性のみを得ていこうとするのではなくて、環境問題や外国との関係の中でもう少し質的な水準の高い国家や国民になればいいと思っています。

外国との関係でいえば、例えばベトナムとの関係も、商売人たちがひっきりなしに訪れてベトナムを搾取しているのに、一方では形式的に反省していると言って募金を送ったりする、こんなのではなくてもっと実質的なやり方があるはずです。経済的に良いパートナーになれるように接近する方法をよく考えたり、また過去に関することでは謝罪することは正直に謝罪して……。アメリカとの関係では同時に被害者だった側面もあるでしょう。そういったことでは共同で対応することもできるし。その点では私たちとベトナムとの関係を美しく築くことができると思っています。日本とは、実際そのような関係になるのがちょっと難しい関係であるのが残念ですね。中国などとは植民地体験だけでもずっと同質性のある関係になれたでしょう？　もっとも、強くなる中国が東アジアでまた別の覇権主義者にならないという保証はありませんが。私は巨大な国家がどんな強国になるのかよく考えてみた方がいいと思っているんですが、日本も今のような状況であるなら、そのような点でもう少し大人になれば、韓日関係もずっと別の段階に飛躍することができるでしょう。でも率直に言って私はあまり期待を持ってはいません。私たち個人の善意よりはおそらくお金の力の方がずっと大きな力を持っていることを感じますから。それは日本だけではなく。

——先ほどの植民地支配のお話ですが、「韓国の方にずっと責任がある」というお話を日本人としてはそのまま受け取るべきではないでしょう？

イ　過去にしたことだから新しい世代にまで責任を問わなければならないとは思いません。例えば私と同世代の人たちは植民地時代の記憶がほとんどないでしょう？すでに解放と呼ばれる年代が過ぎてから生まれた人たちだから。今の状況では与えられたわれわれの社会の経済的な役割だとか、他の国々との関係において韓国であれば韓国、日本であれば日本が相応に大人の態度で、より持たざる国、力が足りない国とどのように関係を持てばよいのか、このようなことを一緒に悩む必要がありそうです。日本の若い世代が韓国にきて頭を下げたり、そんな必要はありません。韓国人は時々日本人が来て頭を下げたりしたら、新聞などに取り上げて特別扱いしたりするけれど、そういう形の謝罪が必要な時は既に過ぎ去ってからずいぶん経ちました。

——ふだんは日本人に対してどのようにお考えですか？

イ　正直で礼儀正しい人たちだと思っています。それから全体のために小さな、自分や自分の利益のようなものを捨てることを十分に知っている人たちだと思っています。国家全体について考えてみると支配を経験した国家の人間として被害意識のようなものがほんの少しだけ残っています。その点で全体のための個人という部分では日本人は、ひとりよがりな愛国心のようなものがまた出てくる可能性のある人たちかもしれない。そんな考えを実際私もまだ持っています。ただその一つだけが、日本を否定的に見る端緒です。残りは、公私に学ばなければという考えです。ところで私が日本に持っているただ一つの否定的な思いのようなものは捨てるのが難しいみたいです。過去の問題に対する日本の、国家次元の態度を見ればそれも当然だと思うんですが……。その他は韓国と比べると本当にいつも恥ずかしいくらいです。

田舎からの手紙のつもりで絵を描いています

——以前先生にお会いしたのは確かＩＭＦの直前でしたが、その時は「経済が少し落ち込めば生活スタイルはかえって良くなるかもしれない」とおっしゃったように記憶していますが、今の時点ではどうお考えですか？

イ　私は今もそう思うことが多いのですが、韓国があまりにも豊かに暮らすことについてちょっと心配しています。個人的にも。生き方は少し単純なのが良いと思っています。シンプル・ライフが必要です。浪費が少ない生き方を精神的にも物質的にも私たちが追求しなければならないのではないかと思っています。そういう意味で、私たちの状況が少し厳しくなればかえってその困難を克服するためにも節制であるとか、そういったことが生まれてかえって社会を健康にするのではないか、そう思ったわけです。

――実際にそうなったと思われますか？

イ　事実少しはそうなったという話は多いでしょう。でも私自身、すでに物質的に豊かになることに慣れていってるみたいです。ちょっと心配です。ひたすら肥っていくのだけを見ても分かるでしょ？（笑）

――先生御自身の夢はどんなことですか？

イ　個人的にはもう少し平凡になること。精神的にももう少し静かに暮らせたらいいと思っています。仕事に関することでは……私は暮らしの中で経験した日常生活を普段絵にしています。それで、もし誰かが私の絵に共感したら、その人が、私が絵を通して見せるようなやり方で、自分の生き方をふり返ったり、世の中を眺めたりしたらいいなと思っています。

でも、人々は私が絵を通して伝えたいと思っている生き方の態度や考え方に関心を持つよりはいつも結果として出てくるものに関心をもつみたいです。「あなたのアイディアは本当に面白くていいですね」「絵が良かった」。私は「絵が良かった」にとどまらないで私の絵がそのように作られることになった考え方や、発想の転換だとか、さもなければ世の中を見る目とか、そういうものを分け合いたいと思っているのに、そうならないですね。いつも小さな部分にばかり関心を持っていて絵自体に関心を持ったとしても絵が伝えようとする実際の中身についてはちゃんと見ていないみたいなんです。例えば（今年出版したカレンダーを見せながら）この『良い日』という絵には三軒の家があってそれぞれに太陽が出ていますね。一番重要なこと。それは空に太陽が一つあるのではなくて私が住むところ、あなたが住むところに全部一つずつ日が昇るということです。この点が重要です。それぞれのうちに日が昇るようにしようという意味です。これは私の家に昇った太陽だけを見ろという意味ではなくて。

でもこの絵の表面ばかりを見る人が多いみたいです。「ああ、この絵は本当に面白いですねえ」。私が望むのはそれじゃないんですよ。この絵を見て共感したらそれぞれ自分の家に日が昇るようにして、それこそ良い日になるようにしようというのが私の絵の意味なんです。この花の絵は……農作業をする時に田んぼに生えた雑草を抜くんですが全部抜ききらなくてそのまま育ったらこんな風にきれいな花が咲くんですよ。雑草であっても。稲と一緒の田んぼに生えているためにこんなにきれいな花を「雑」と呼ぶなんて本当に申し訳ない。私がこのような「悟り」を田んぼから得たように、こんな経験をしたことがない人でも私を通じてこんな考えができるようになったらいいでしょう？　私はそんな話を田舎からソウルに手紙を書き送っているようなつもりで描いているんです。

――それにしてもなぜ絵の表面ばかりを見る人が多いのでしょうか？

イ　これはまた別の問題ですけれど、人々は文化を、またはは芸術を受動的な立場で受け入れることだけを訓練されているのだと思います。二一世紀の文化は全体的に自らが楽しんで表現する文化に変えなければと思います。今DDRっていうゲーム（ダンス・ダンス・レボリューション。画面から流れる音楽に合わせて実際に踊ることによって操作するコンピューターゲーム）が流行っていますよね。それだって結局は与えられたパズルの上に乗っかって遊ぶ受動的なものでしょ。自由になれない趣味というわけですよ。絵も、私の描いたものをあなたも描いてみたらと言ってみるんです。もちろん実際に絵を描けという意味よりは自分の日常生活の中にそのような考えを取り入れてみたら、という意味です。受動的に受け入れることばかりに慣れている人は自分の人生なのに、人の人生を生きるみたいになってしまいます。

私が禅に関心がある理由の一つは、世俗的な例を出すならば、経済的に貧しい人、権力から恩恵を得られない人、身体の自由がきかない人、いろいろな人がいますがそれ自体が生命一つ一つとして大切な価値があるのは明らかですし、そのような自身の価値を十分に実感することのできる方法の一つが禅を勉強することであり、自分の心を一生懸命見つめることだと信じているんです。だから私は絵を通してそのような眼目を伝えようとしているわけです。こんな話をするとしょっちゅう「仏教徒か？」と聞いてくる人がいますがそうではありません。禅に対して関心は深いですけれど。自分の存在について肯定したり確信を持つこともできず、文化的にも社会的、経済的にも受動的な形態でしか自分の生を描いていけないということのような社会では、現在与えられた人生を時々疑わせるように仕向ける人が必要だと思うんですよ。私は、そんな役割もしたいと思っているんです。それは私が絵を描く人間としてしなければならない役割だと思っています。私が仕事を通して考える夢はそういうことです。

（二〇〇〇年一月取材）

日本は門戸開放して移民を受け入れるべき

アジアが豊かになってこそ、日本も繁栄を保つことができます。まず、日本がオープンな姿勢になり富を還元することが先決でしょう。「韓国人のよき相談役」、精神科医のイ・ナミさんはスゴイことを淡々と語った。

精神科医●**イ・ナミさん**（整理／聞き手　石坂浩一）

ソウル南部のヤンジェ駅前のビルの一室にその人のクリニックはあった。日本でもなだいなだをはじめ香山リカのような精神科医でエッセイストといった人たちが活躍しているが、韓国でも九〇年代半ばから、精神科医の書いたものが一般大衆に注目されるようになった。その代表的存在が、女性ではイ・ナミ（李那美）医師、男性ではキム・ジョンイル医師だが、今回はイ・ナミさんのお話をうかがうことにした。イさんは九二年に『女の「名誉挽回」』（文学思想社）を刊行したのをはじめ、『時には私もクルいたい』（文学思想社）、『愛の毒はなぜ甘いか』（ハンギョレ新聞社）、などのエッセイを書いているほか、九九年には小説『私たちが愛した男』（ヘネム）も刊行した。

父母から聞いた日本の話

――六一年生まれですね。

イ　はい。母方の家はカトリックの信仰を持っていて、もともとは両班だったといいます。実家は開城《ケソン》なのですが、南に避難してきて仁川《インチョン》に住むようになりました。母はやむなくおばたちと別れて、自分の家族で仁川に来たそうです。父は慶尚北道の金泉《キムチョン》の生まれで、父の家の先祖は孝寧大君だそうです。世宗大王（朝鮮王朝第四代の国王。一三九七～一四五〇。ハングルを制定したことで有名）の兄ですよね。だから、まさに王族の家系ということで、父も幼い頃から漢字を勉強させられました。そんなわけで、父方も母方もとても教育熱心。一族で私の代の者の七、八割は博士号を持っているくらいで。植民地時代、母方の祖父は船を持っていて日本と取引をする会社のオーナーでしたが、「大東亜戦争」と呼ばれた第二次大戦の時にあらゆる物資を持っていかれてしまったらしいです。その時、家にあった本という本をみんな持っていかれてしまったので、子どもだった母が「私の本を返せ」といって巡査にしがみついていたという話は、母自身記憶に残っていて、語ってくれました。あと、家でお酒を密造して、何かのお祝いの時など飲んでいたそうですが、ある時、日本の巡査がくるというので祖母がみんな急いで飲んでしまい、母にも飲ませたと。四〇年代初めの、母が子どもだった頃の話です。

　母は高校までミッション系の学校を卒業していますが、小学校二年生の時に解放を迎えました。公式的には日本語を勉強しなくちゃいけないことになっていた植民地時代でも、日本語はミッション系の学校だからあまり熱心に学ばなかったようです。それで、母は日本語の会話はできません。父は日本語を習った期間が中学校までありましたので、会話もできますが。

　――おじいさん、おばあさんの代はどうだったのですか。

イ　祖父は植民地時代、面長（村長）か何かを少しつとめたそうです。だから、日帝時代にはそれほどひどい目にあったということは聞きませんが、解放になってから、「あいつは親日派だ」といわれてずいぶん苦労しています。父は金泉中学校という地元の名門校に通って、そこに日本人の先生もいたので、日本に対してあまり拒否感はないようです。むしろ母のほうがいやな思い出があるのは、今申し上げた通りです。

　私の場合は本やマスコミを通して、韓国の抗日運動について知りましたし、大学に入ってからは、韓国の近代化が歪められ経済的に収奪されたんだな、ということを学びました。私は感情的な意味での日本に対する拒否感というものはありませんから、割合と客観的に韓国と日本の関係を考えられると思うのですが、日本が入ってきて韓国の歴史は四〇年近くブランクが生じてしまったわけですから、そのことがとても残念です。日本に支配されず、みずからの力で発展したなら、いろいろな可能性があったはずですから。六・二五（朝鮮戦争）で私たちの国が苦しんでいる時に、日本はそれをきっかけにして経済成長していったこととか、壬辰倭乱（豊臣秀吉の朝鮮侵略）の時に貴重な文化財や資料が焼失してしまったこととか、植民地時代以外でもおかしいと思うことはありますが、これは個人的な感情とはまた別のレベルの話ですね。

日本と韓国の文学観のちがい

——名古屋に行かれたとおっしゃいましたが、日本にはほかにも何回か行かれましたか。

イ　いいえ、名古屋に行ったのが最初です。でも義母が昔、鹿児島に住んでいたことがあるといって、よく日本の話をします。義母の父が鹿児島で工場をしていたらしいです。夫の家はけっこう日本とは縁があるんですね。ただ、私自身はアメリカ人の友人はいますが日本人の友人はまだいません。以前、『時には私もクルいたい』を日本で翻訳するという話がありましたが、その後、何もいってこないし。

——今、翻訳物の出版は日本でも大変です。コン・ジヨン（孔枝泳）さんの『サイの角のように行け』を私が翻訳して、ようやく去年出版しました。シン・ギョンスク（申京淑）さんの『久しき昔、家を離れて』も翻訳をすませているんですが、まだ本が出せません。

イ　シンさんの小説は日本のものと雰囲気の似たところがあるんじゃないですか。日本と韓国は情緒的に似たところがあるから。女性たちの受ける差別にも共通したところがあって、コンさんの小説も理解しやすいかもしれませんね。

——日本にもいろんな作家がいますからね。韓国では推理小説を読む人はあまり多くなくて、読まれるとしても外国の推理小説ですが、日本ではミステリーを読む人がとてもたくさんいます。

イ　ミステリーを書けるくらい頭のいい作家がいないからでしょ。

——そんな！　頭がいい悪いより、韓国人は文学というものに対して、高尚なイメージを持っていて、文学に期待するものがちがうからじゃありませんか。日本では、大衆が好むものの中には、それなりの真理があるはずだ、という見方をする人が多くて面白さを重視しますが、韓

国では文学にも、昔のソンビ（在野の儒学者）が机に向かうようなところがあって。

イ　教育でも、そういうところがありますよ。韓国では書堂で孔子・孟子を教えた。これは思想教育ですよね。ところが日本は寺小屋で珠算や読み書きを教えたんですから、このちがいって大きいでしょ。寺小屋って、本当に面白いです。兪吉濬《ユギルジュン》（一八五六～一九一四）が著書『西遊見聞』の中でこのあたりのことについて、すでに注目しています。江戸時代に通信使として日本に行ってきた者たちは「日本人は朱子も知らないし孔子も知らない。ただ金もうけのことしか考えていないから国が亡びてしまうだろう」と書き残しているが、こうした意識が近代化の分岐点だったのではないか、と兪吉濬は指摘しています。韓国は実践的なものより観念的なもの、名分にとても重きを置いていたわけです。政治をする人たちの主張を見ても、誰がどういった、こういった、というだけで実体がありません。韓国ではまだそういう面が残っていて、近代的でないといわれるゆえんじゃないでしょうか（笑）。

　日本のほうはこれに対して、とても実用的だけれど深みがないように思えます。多くの人たちが幸せに満足して暮らせればいい、ということなのでしょうが、たとえば仏教哲学をする人の考え方を日韓で比較してみると、日本の仏教哲学者は簡単明瞭。世俗的ですが深さは感じられません。韓国は大衆化されてはいないのですが、それなりに掘り下げた学者がいるようです。ひとつのことも、ある面から見れば長所になり、また別の面から見れば短所になるのですから、お互いに補完し合えばいいのですけれど。

刊行倫理委員会の出版物に、日本の小説がなぜ韓国で人気があるのか、という文を書いたことがあります。そこで、いくつか理由を考えてみたのですが、まず第一に若い世代は年のいった世代とちがって、日本を単なる先進国のひとつとして受けとめているということ。はなやかで豊かな国、あるいはテクノロジーの発達した国のイメージです。先進国を好むというのはごく普通の現象ですから。第二に韓国で人気のある日本の作家というのは大部分、非政治的です。社会全体に対する関心はなくて、とても個人主義的。今の韓国の一〇代、二〇代がそう。政治や社会に特に関心がありません。そこが一致したんですね。第三は日本の文化が一見すると単純そうでいながら、内部に入ってみると多様で複雑だということ。中国のものも唐の時代のものから現代に至るまで入っているし、ヨーロッパも蘭学でオランダのもの、ドイツのもの、そしてアメリカのもの。多様な文化だから単純な文化より強いといえます。それだけ競争力があるし韓国にはないものだから、流入して当然ということでしょう。日本の作家もそれだけ全身全霊を打ち込んでいるといえる。韓国の場合、専業作家といえる人はいくらにもなりませんが、その人たちも生計を立てることに追われざるをえません。たとえば作家がいい作品を書こうとすれば、作品の必要に応じて中南米にも行かなくてはいけない、日本にも行かなくてはいけない、それなのにおカネがなくて韓国の作家は行くことができない。日本の作家は経済力があって行くことができますから、よい作品が出る可能性が高くなります。そんなことを私、書いたんです。

——面白いですね。私はこれまで、韓国の文学は高尚で、日本の文学のように大衆的で卑近なものが少ないから、逆にそういう日本のものが入ってきたと考えてきましたけど。日本の文学はけっこうお読みになったんですか。

イ　多くは読んでいません。何とかジュンイチとか夏目漱石とかは読みましたが。別に面白くはなかったですよ。村上龍とか春樹とかが韓国でたくさん紹介されていますが、私は読み始めても、とてもついていけなくて。龍の小説は本当に変な小説でしたねえ。

ジュンイチは最初、渡辺淳一かと思ったが、テープを聞き直していて谷崎潤一郎だとわかった。イさんが「白雪」というタイトルを口にしていたが、「細雪《ささめゆき》」のことだろう。それにしても、この人は何語で読んだのかしら。

——日本では残念ながら韓国の小説は売れませんけどね。

イ　ある人がいうんですが、韓国の人がベトナムやシンガポールのベストセラーだからといって、誰が買うんだと。韓国の場合、南米の文学は例外的に読まれていますけれど。それと同じことなんでしょうね。

——コン・ジヨンさんの小説を出した日本の出版社の社長が在日韓国人なんですが、コンさんの小説を読んで南米の小説みたいだと評してました。

イ　そう？　私は全然そういう感じは受けなかったけど。

進歩的でもあり、保守的でもあった両親

——読書が好きだったようですが、テレビはごらんになりませんでしたか。

イ　アメリカ映画とかを見たような気がします。四〇年代、五〇年代くらいの。アメリカ人のものの考え方、感じ方などを知るのに役立ったかなと思いますが、テレビをよく見るわけではありませんでしたね。

——いつ頃から家にテレビがありましたか。アニメなどは少し見ませんでしたか。

イ　六歳や七歳、小学校に入った頃でしたか。まだよその家であまりテレビがない時に、うちでは見ていました。「黄金バット」というのがありましたね、そういえば。あとは「アトム」。

——外で遊ぶのより本を読むほうが好きだったと書いていらっしゃいましたね。クラスで級長をされましたか。

イ　勉強ができるということで、先生がさせました。私もあまりいやといえない性格なので、しないわけにいかなくて。

私はこのあたりまでインタビューをして、本を読んでのイメージと少しちがうことに気が付いた。読書好きで空想癖があり、今でも（といっても最初の著書が出た九〇年代前半だが）高校の時に教科書やノートを忘れた夢を見るというエピソードから、もう少し変わった人といったイメージをしていたが、目の前にいる人は朝鮮のよき伝統を受け継いだ知識人にほかならなかった。

イ　ひとつのことを考えていると、ほかのことを忘れてしまう性格だったんです。ある科目のテストがある日には他の科目のことを忘れてしまったり、本を読んでいてバスを乗りすごしたり……このごろはそういうのがなくなってきたほうだけど。

――今振り返ってみて、子ども時代は楽しかったですか。

イ　もしあの時に戻れるなら、もっと遊んで普通の子どもになりたいですね。

イさんは著書で、毎日むずかしい哲学や歴史の本ばかり読んでいて、友だちと仲よくなるだけの時間がなかった、と書いている。髪もろくにとかしたことがないし、あまり頭も洗わないし……でも、今のイさんはちょっと壮重だがおだやかで魅力的な人に見える。

――一四歳の時に医者になろうと決心したということですが、早くから精神科医になろうと考えたのですか。

イ　フロイトの本を読んでとても面白かったので、これだと思ったんです。

――大人になる以前、自分は母親のように生きたくないとか思ったことはありますか。

イ　そんなことを考える以前に、母からはいろいろ教え込まれたんです。女もこれからは職業を持たないといけないし、おまえは特に変わってるから家で家事なんかしてたら、きっとおかしくなってしまうだろう（笑）。父も、女であっても食べていくくらいの力はなくちゃいけない、と早くからいっていて。女が職業を持ち外で働くのは幼い頃から当然と思っていました。母はそれでも、家事のしかたのひととおりは教えてくれました。私が十代の頃は、なぜ女だからといって、家事もして仕事もしなくちゃいけないのか、不満に思いましたが、今になってみると、そう教育されたのがよかったような気がします。夫の家は長男で祭祀をとり行なう家なので、食事の準備やら、いっさいしなければいけないのですが、母から習ったことが役に立っています。伝統的な面は母から教育されたといってもいいですね。

一方、父はアメリカで教育を受けました。働かざる者、食うべからずとか、勤勉で誠実であれ、両親に依存せずに自立しろ、というのが教えです。弟たちはアメリカに留学していますが、みんなアルバイトをし奨学金ももらい、父に負担をかけないように努力しながら卒業しました。母と父と合わせて、大切なことを教わったと思っています。

——御両親が進歩的だったのですね。

イ　進歩的でもあり保守的でもあります。母は息子でも娘でも勤勉、誠実、謙遜と実に教科書のように育てましたから。笑い話ですが、こういう母親を持った娘は、子育てがつらいなんてとてもいえませんから、ひと苦労です。

韓国女性の悩み

——大学に入る時、医学部を選んだのは、やはり社会に貢献したいという意識からですか。

イ　さっきいったフロイトのこともありますが、祖母が脳の病気で精神科の病院に入院したことがあります。いくらおカネがあっても、心が不安だったら幸せにはなれない。心の病気になっている人が一番かわいそうな人だから、そういう人たちを助ける仕事をしよう。私も思春期で悩みの多い時期でしたが、そんな風に考えたんです。でも、実際に医学部に入ってみると、おカネを稼いでいい暮らしをするために医者になるという雰囲気があってとても疑問を持ちました。私はどうも文学的な気質が胸の中にあるほうなので、そういう雰囲気についていけなくて。私は七九年に入学しましたが、今でもそういう雰囲気はなくなっていないようですね。まあ、韓国で一番いい大学に入ったというのがもったいなくて、やめはしませんでしたが（笑）。

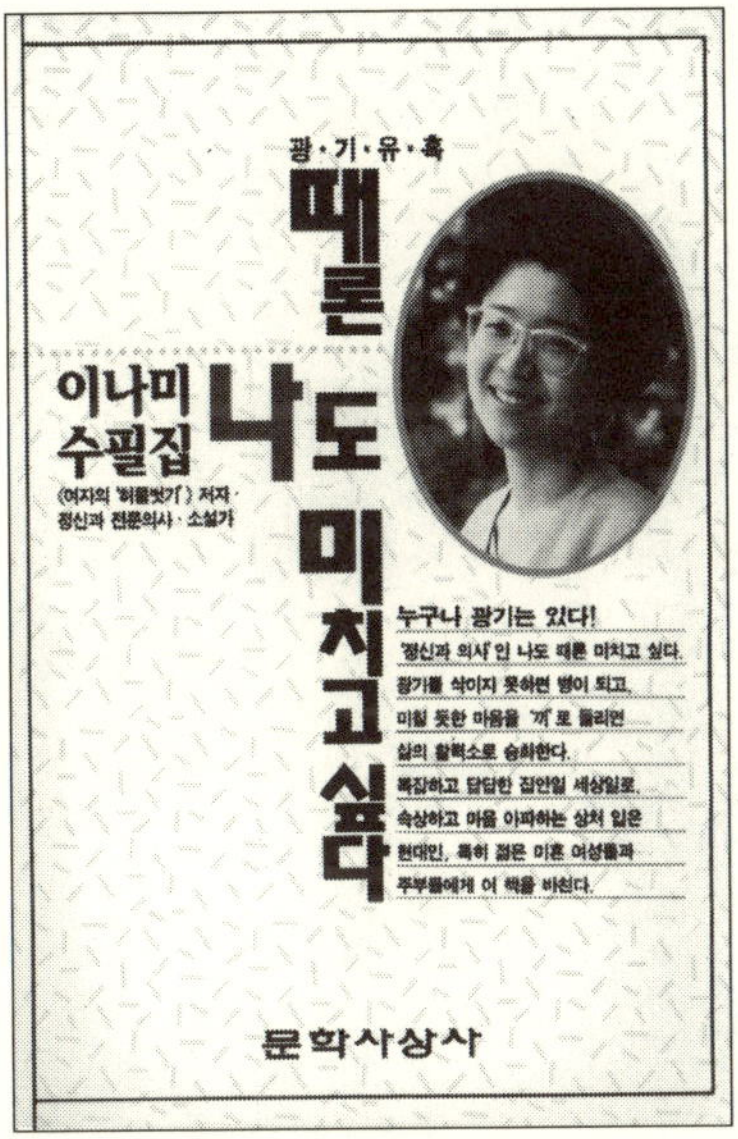

『時には私もクルいたい』

——精神科を選択されたというのは、死ぬ人を見ないですむからだ、と本に書かれておられましたが、精神分析という点にもかなり関心があったのですね。

イ　はい。ユング精神分析研究所の資料も購読していますし、しばらく前に翻訳して出した本もユング学派の人が書いたものです。ずっと自分でも勉強を続けていくつもりでいます。

——ひとくちに精神科といっても、この間韓国社会は大きく変化しました。ご専門の立場から見て、どんな変化があったとお考えでしょうか。

イ　九〇年頃に私は『女の「名誉挽回」』を書いていたわけですが、当時は男女の不平等というものがあまりにも多かった。また、性に関する話を口にするのもむずかしかったし、病院の臨床医としても女性医師にはたくさんの差別がありました。その後、家庭の中のことでも、嫁と姑の対立の様相はずいぶん緩和されたと思います。個人はその意味でだいぶ変わりましたし、公務員の比率などでは不平等が是正されつつある部分もありますね。でも、私が感じるのは、たとえば企業の研修で講演をしに行くと、話を聞く企業の役員に女性がいる会社というのは見たことがありません。一年に何度もそんな場があるんですが。だから、見かけのところはけっこう変わりましたが、まだ実体が伴っていないのが実情でしょう。

――九〇年代初め頃と今と、相談内容にはどんなちがいがありますか。

イ　九〇年代初めは景気がよかったですから、女性たちの場合は何かものを書いてみたいとか、仕事を持ちたいとかいった、自己実現に関する話がたくさんありました。あとは、妻のほうが浮気してるとか、愛情問題が多かったですが、最近はこういう話は多くありません。やはり経済的な問題が中心です。会社が不渡を出した、失業した、他人の保証人になって借金を背負った……私の小説にもちょっと出てきますが。IMF不況から脱したといいますが、それはうまくいっている人たちの話で、生計の問題が一般的にはまだかなり深刻です。

――若い人はどうでしょうか。

イ　とりあえずは就職の悩みですよ。今は女もしっかり就職してこそ、いい結婚ができると考えています。ところが、社会の本質まではまだ変わっていませんから、就職もむずかしいし、結婚するにしても嫁入り道具のためにかかる費用も大きくて、挫折感が大きいようです。

いじめの相談もけっこうある

――いじめの相談もけっこうあると思いますが、どんなことをお感じですか。

イ　いじめについては、いくつかの相談を受けたことがあります。これまでのケースでは、実際にいじめにあっているというケースもありますが、いじめにあうんじゃないかと恐怖感を抱いて悩んでいるというケースのほうが多いようです。同調を強いる文化といいますか、日本と似たところがありますね。他人からとり残されないようにという不安感があって、他人に勝てなかったらどうしよう、ひとりぼっちになったら困ると悩んでいる。そんな場合、その人の性格的な問題が大きいんじゃないでしょうか。その子の社会性がないとか、親が大事にしすぎるとか。映画などを見ると、弱い子がいじめられるというように描いていますが、私の見た範囲では少しちがうような気がします。

——韓国のいじめは最初、「学校暴力」という名で登場して、九八年からは「ワンタ」と呼ばれるようになって問題が深刻化したようにいわれていますが、どうお考えですか。

「ワンタ」は「仲間はずれ《タドルリム》」の「タ」に「王《ワン》」つまり程度がはなはだしいという意味の言葉をくっつけた造語。九八年頃からマスコミでもよく使われるようになった、韓国のいじめの呼称だ。

『女の「名誉挽回」』

イ　「ワンタ」という言葉が出てから、いくつか、学校やいじめた子の家族に対する損害賠償訴訟がおこりました。それで、特に学校の先生たちはいじめ防止に敏感になっているようです。気配があると、子どもたちを呼びつけて厳しく叱るとか。子どもたちも、そのことは感じているようです。

——でも、それは根本的な解決にはなりませんよね。

イ　ええ。どんな場合にも社会に適応できない子はいます。アメリカでも、しばらく前に銃を乱射して同じ学校の子たちを殺した事件がありましたが、韓国ではそこまでのことはないでしょう。チンパンジーの群れでも孤立した個体はいるといいますから。そのこと自体はどんな社会にもありえるんです。ただ、いじめで注目すべき点は、「ダサい」とか「きたない」ということでいじめたり、逆に何かにとても秀でているということでいじめたりするというところにあります。いじめの契機になっているのは、ひどく表面的なことです。これは、急に韓国社会の生活が豊かになって、物質や財産とかに人びとが目を奪われるようになったのがひとつの要因だということを示していないでしょうか。スイスや北欧のように安定した社会になれば、いじめも減っていくのではないでしょうか。

新しい勉強を始めたい

――ところで、この間お書きになった本が多くのは人たちから共感を持たれた理由は何だとお考えですか。

イ 私の本を読んでくれる人は、職業を持った女性たち、それも比較的成功している人が多いようです。私は保守的な家庭の妻でありつつ職業を持っている、孔子や孟子の話もよくするし、韓国の歴史にも関心がある、そんな独特なところがあると思います。西欧、アメリカ志向的な人間ではありません。伝統的な教育を受けていて、西洋式だけでは韓国は決して成功しない、と考えるほうです。私は医師であり文学的な関心もある、でも同時に子育てや食事の片付けについて書いていて平凡なところもあるので、読者に身近な感じがしたのではないでしょうか。ゴミを捨てに行った時に出会う近所のおばさんのような。そんな進歩的でありながら保守的なところが共感を持たれたのではないでしょうか。

――することがたくさんあって不安になったりしませんか。

イ 不安になるというより、私がこれまで出した本が七冊にもなって、もう充分だという気がしています。もうこれからは随筆のようなものは書かないつもりです。小説も書きたくて書いたというより、インスピレーションが湧いてできたものですから、今後のことはわからないし。今計画しているのは、来年から三、四年間は充電期間として勉強しようということです。米国に行くか、日本に行くか、国内にいるかはわかりませんが。私も来年(二〇〇〇年)は四〇歳になり、大衆文化の中心にいる二〇代、三〇代とはお別れです。私自身、この世代の感覚にはついていけないものがありますから、大衆文化というのは避けて通ることになるでしょう。ですから、これからは大衆的な人はやめにして、自分のしたいことをする。これまでは、子どもも小さかったし、経済的にも準備ができていませんでしたが、ここにきてようやくおカネもためましたので。自分がしたい勉強をすれば、後悔はしないでしょう。別に成果がなくても過程が重要ですから。

――どんな勉強をするつもりですか。

イ 私の専攻は精神医学史と精神分析ですが、もう一度初心に帰って勉強したいと思っています。精神医学の歴史を勉強して博士号はとったのですが、私自身、人文や歴史のベースがないので、人文系の大学院に入り直したい。

エッセイは書かないとしても、二一世紀を作る韓国人としてインタビューした手前、イ・ナミさんにはこれからも活躍してもらわないと困る。少しこれまでとちがった分野での働きが期待できそうだ。

——二一世紀はどんな時代になると思いますか。

イ　先進国を見ると、韓国の二〇年、三〇年後を予想することができるわけですが、同じ憂鬱症でもコグニション(認識力)、つまり人生の意味は何かとか、哲学的な問いが先進国では出てきています。これに対して、韓国の憂鬱症は、誰かに捨てられた、誰かがいなくなった、誰かと対立してしまった、といったとても具体的で他人との関係性の中で出てくるものが多い。ですが、韓国も二、三〇年後には自分自身、人生観、世界観への懐疑のようなものがもっと生まれてくるでしょう。そしていろいろなものが機械化されバーチャルな世界が主流になる中での疎外感、頭の中がファンタジーでつまっているような、ゲームの世界で生きているような感覚。バーチャルな世界が拡大していく中で、現実感とか人間性が失われていくのではないか、という問題が出てくると思います。合理的な思考を組み立てる場がなくなって、感覚的、反射的なだけでいいのだろうか、という疑問は今も感じています。

「自信のない日本」の克服を

——これから取り組みたいことは何でしょうか。

イ　いくつかありますが、第一に韓国精神医学史を書きたいです。フーコーの『狂気の歴史』はとても哲学的ですが、私はもっとファクトのたくさん入っている内容で。一〇年かかるか二〇年かかるかわかりませんが。それから、韓国人の心理の文化的特徴についての本を書いて、日本やアメリカで出版したいです。

——そういう本なら、きっと出版できるでしょうね。精神医学というのはこれから、一層重要な分野になると思いますが、臨床を含めた今後の仕事について、どうお考えでしょう。

イ　私はどれが重要で、どれが重要でないという考え方はしません。だから、私が朝、家の掃除をすることも、韓国の精神医学についての本を書くこともみんな重要で、私としては最善を尽くすだけです。私が韓国人と日本人の心理的特徴のちがいとして、よく引き合いに出すことがあります。韓国人はちょっと勉強してものごとがわかるようになると、全体を語ろうとするということです。全体を語ろうとすれば、常に政治的にならざるをえません。日本人は自分が一生かけてしてきたこと、お菓子ならばお菓子の話しかしない。そういうものを集めてこそ、大きな歴史になるんです。それで本屋さんに行くと、韓国の場合、概説書ばかりです。『〇〇入門』や『△△通史』というような。私は概説書でない仕事ができれば、それが意味があるし重要だと思います。そんなことをしたいんです。

――これから日本や日本人に望むことは何でしょうか。

イ　私が何日か前から考えていたことですが、アメリカ人の外部に対する姿勢の特徴としていえることが、イグノラント・オア・イノセント。アメリカ人は外部の世界についてあまりにも知りません。そんな気がするんです。大統領候補たちは、キム・ジョンイル（金正日）が誰か知りませんよ、きっと。自分の国の中ですべてが解決できて、自分の国だけで生きていけると考えているから。でも実際はそうじゃありませんよね。実際はアメリカの武器を購入することで、世界の国ぐにがアメリカ人を食べさせているんじゃないですか。

日本も同じことがいえます。日本は輸出国ですから、外国に多くのものを負っている。外国が日本のモノを買ってくれるから、日本の繁栄が可能なわけです。普通、ひとつの国の中でも富の還元ということをします。日本も豊かな暮らしをするようになったのですから、外国に富を還元しなくてはいけないのではないでしょうか。それができなければ、繁栄は長く続きません。国であれ企業であれ人間であれ。

日本人もやはりイグノラント・オア・イノセント。私は日本人のアイデンティティが、アジア人より西洋人のほうにあると感じています。一七世紀以降、われわれだけが唯一、アジアで近代化に成功したと思って、自分を西洋人と同一視しているのではないでしょうか。ロシアやオーストラリアやアメリカまで、環太平洋といってアジアに食い込もうとしているのに、日本だけがアジアに無関心では孤立せざるをえないし、アジアの中でアジアの国ぐにによって繁栄を築いたのにアジアに富を還元できないのなら、仲間はずれにならざるをえないでしょう。

日本は早く高齢化社会をむかえますから、競争力は低下せざるをえません。韓国も同じようなことがいえますが。いくら立派な兵器を備えても、いざ戦争という時に戦うのは若い人ですから、国全体が文弱に流れることになる。日本人はそういう二一世紀を考えていく必要があると思います。アメリカのように門戸を開放して移民も受け入れると同時に、若い人たちが東南アジアなどの外国に関心を持てるよう促していくといいでしょう。私はヨーロッパを見てうらやましく思うのですが、互いに侵略したり、されたり、多くの人たちをガス室に送り込んで殺した歴史を持っていながら、EUという形で統合されているじゃありませんか。お互いに痛みの歴史を越えて認め合い、ヨーロッパというアイデンティティの下に手をつないでいるわけです。

日本もアジアを統合しようというようなことをいっていますが、そのためにはそれだけのことをしなくちゃいけません。ヨーロッパとアジアのちがいは、ヨーロッパは比較的均等に豊かになっているのに、アジアは日本だけが飛び抜けて豊かになっている点です。統合をするなら、まず日本がオープンな姿勢になり富を還元することが先決でしょう。

日本が豊かであってこそ、アジアも豊かでありうるし、アジアが豊かになってこそ、日本も繁栄を保つことができます。「文明の衝突」ということが近年よくいわれますが、文明の衝突があるとするなら、アジアが団結して競争力を持たねばならないし、その時には持てる国が犠牲を甘受せざるをえません。たくさんのモノを持っているのに自信のない日本人のあり方を克服していってほしいと思います。

（一九九九年一一月取材）

もう一度日常から出発して文学を再構築したい

女性たちの運動や生協運動、環境運動は九〇年代にも活発でした。逆に自分自身の反省として考えているのは、文学の分野の不充分さです。『サイの角』の作家は、フェミニズム文学の旗手となった。

作家●**コン・ジヨンさん**（整理／聞き手　石坂浩一）

シン・ギョンスクさんの『オルガンのあったところ』がベストセラーになり注目を集め始めた頃、もうひとつの作品が、とりわけ女性たちのあいだで話題になりつつあった。コン・ジヨン（孔枝泳）さんの長編『サイの角のようにひとりで行け』（邦訳は新幹社）である。男性中心の家父長的な韓国社会に異議申し立てを始めていた女性たちの気持ちに、この作品はぴったりきた。『朝日新聞』はこの作品を韓国版「人形の家」とたとえたが、まさにそれまでは反独裁や民主化という大テーマの中に埋もれていた女たちのナマの声が登場してきた時代を反映していたのである。その後もよい作品を書き、コンさんは韓国を代表する作家のひとりとなっている。

コンさんの作品には『これ以上美しい彷徨はない』（八九年）、『サバ』（九四年）のように韓国の学生運動の八〇年代から九〇年代にかけての試行錯誤、そのとらえ返しを伝える作品が知られているが、九九年の短編集『存在は涙を流す』に収録されたような愛や日常に焦点をあてた作品群がやはり捨てがたい。つまるところコンさんの作品の人物は、社会の変化、そしてその枠の中にとどまりきらない個人、あるいはその新しい枠にもまだしっくりこない個人を体現してしまったように思える。

〈新韓国読本〉では、③で「絶望を越える方法」、④で「モスクワにはだれもいない」、⑥で「存在は涙を流す」、⑨で「道」をそれぞれ紹介してきた。また、②には韓国の雑誌にのったコンさんのインタビューも掲載している。シン・ギョンスクさんと同じ一九六三年生まれ。

ごくふつうの都市中間層

――どんな家庭で育ったのですか。

コン　私の家は韓国の経済開発の恩恵を受けたというか、経済発展がわが家の暮らし向きと直結していた、典型的な家庭です。住んだところもずっと、ソウルですし。一番わかりやすいのが、九歳の時から団地で育ったということかな。物心ついてからほとんどの時間を団地やマンションで生活してきたことになります。自分が成長していく中で、自分の家の家具がふえて、だんだん豊かになっていくのがわかりました。日常的な生活感覚も、都市の中間層のごく普通のものですよね。

――では、テレビも早くから見ていましたね。

コン　はい。小さい時からテレビのアニメをたくさん見て育った世代です。

――シン・ギョンスクさんと同じ年ですが、全然ちがう環境で育ったのが、作品に反映されているでしょうね。

コン　ええ。以前にシンさんと会った時に誕生日をきいてみたら、五日くらいしかちがわなくて、ほとんど同じ。でも作品はずいぶんちがいます。

――子どもの頃から本が好きだったり、文学に関心があったりしましたか。

コン　それほどでもありません。うちで『少年韓国日報』をとっていて、よく読んだ記憶があります。でも、そういう子ども向けの雑誌とか、まわりの子と同じくらい読んだということでしょうね。

うちは、姉と兄と私の三人兄弟です。私が小学生の頃は、姉がちょうど高校に通っていて、思春期でね。その姉が金素月《キムソウオル》（一九〇二～三四、近代朝鮮の代表的詩人）の詩集を持っていたんですが、私はその本を何度も読んですっかり覚えてしまったので、姉が驚いたことがありました。金素月がどんな詩人かも、詩にどんな深い意味があるかも知らないで。

けれど、まだその時は今のように文学に関心を持つなんて、思ってもいませんでした。当時出ていた、子ども向けの名作文庫のようなものは読みましたが。

――何かを書くことについては、どうでしたか。

コン　小学校三年生の時に、作文のコンクールに向けて学校のみんなが作文を書いて出しました。私は「お母さん」というタイトルの作文で、お母さんは男の子と女の子を育てる上で差別しているから、とってもくやしい、というような中身でした。そうしたら、全校の作文の最優秀賞のふたりのうちのひとりに入っちゃったんですね。それから、学校の代表として作文のコンクールに書いたものを出すようになって。小学校の高学年の時に書いた「路地」という作文は姉がとてもほめてくれて「あんたはものを書く才能がある」なんていわれたこともありました。

ガルシア・マルケスの衝撃

――もう、その頃から作家になるという気持ちがありましたか。

コン　いいえ、ちっとも。小さい時は別に将来のことを考えて何か書いていたわけではありませんし、むしろ高校生くらいの頃は、自分が大人になってなりたいものがなかったんです。まあ、文系だろうっていうことくらいしか考えていなくて。ところが、父は私のことを「この子は大学の教授とかマスコミが合うだろう」と思っていたんですね。進学の方向を決める時、父は文学はいいが、国文科はやめておけ、といいました。これからは国際化時代なんだから外国語を知っていたほうがいいし、英文科を出ておけば翻訳の仕事くらいはできるから、あとで役に立つだろう、というようなことで延世大学の英文科に入りました。

――大学に入ってからは、文学をしたいと思うきっかけがあったんですか。

コン　私が大学の二年生の時朴景利《パクキョンニ》の『土地』や李炳注《イビョンジュ》の『智異山』のような韓国文学の大作を初めて読みました。それからです、文学っていうのは人生をかけるくらいの価値のある面白いものなんだな、と感じたのは。その後、いろんな文学を読んだ中でいちばん衝撃を受けたのは、ガルシア＝マルケスの作品を読んだ時ですね。『百年の孤独』や『族長の朝』には頭を殴られたような強い衝撃を受けました。歴史の中に人間の姿が実に深く描き込まれている。その意味で大きな影響を受けました。

――『サイの角』の日本語版を出してくれた新幹社の高二三《コイサム》さんは、コンさんの小説を読んで「南米の小説みたいだ」といってましたよ。

コン　韓国ではそんなことをいわれたことはないし、私も考えていませんでしたけど――もしかしたら、どこか通じるところがあるかもしれませんね。

――日本のことについてうかがいます。祖父母や両親から、植民地時代の苦労話とかは聞かれましたか。

コン　私の父方も母方も、祖父の代から事業をしていました。父は日本に友人も多いし日本語もわかります。経済的に比較的うまくいっていて、家庭では実利や実質を重視する合理的な教育を大切だと考えたようです。日本人にどうこうされた、という話は聞かされた記憶がありません。むしろ、六・二五（朝鮮戦争）の時のつらかった話や、人民軍へのうらみ話のほうが話題になりました。

でも面白いのは、私が成長するにつれ誰にいわれたというわけでもないのに、自分の家庭の日本に対する見方に批判的になっていたことです。日本はよくない存在で、それを批判しないのもよくないことなんだ、と社会の雰囲気から自然に考えるようになっていたところがあるみたいです。

八〇年代の運動への反省

――八〇年代に学生として体験されたことは、とても大きな意味を持ったような気がしますが。

コン　はい。私は八〇年代に学生時代をすごしましたが、私たちの世代は高校時代までは上から一方的に、政治権力に都合のいい価値観や論理を教え込まれてきました。それは、反共イデオロギーであったり、批判を許さない政治秩序だったりしたわけですが、そうしたものが虚構にすぎないことに気付き、真実を知って価値観が変わっていくという体験を私たちは共有したわけです。たとえば、暴徒のおこした無秩序な暴動といわれた八〇年の光州における闘いが、実は戒厳軍による無慈悲な虐殺に対しての抗議だったことを知る。真実を知ることの大切さを、私たちはこうした過程で学びとっていったんです。

そして、八七年の民主化闘争で私たちは実際に軍事政権を追い込み民主化を前進させました。ここから私たちは、闘えば成果を得られるという自信を身につけます。そして、社会に対するいろいろな見方や価値観にも、私たちのそれまで知らなかったものがあることに気付いていくわけです。

コンさんは横浜市海外交流協会の招きで九八年一一月に来日している。その際に小説を本格的に書くようになったきっかけとして、興味深い話があった。八七年の民主化闘争のあと、コンさんは意を決してソウルの九老《クロ》にある工場に働くことになった。当時、学生運動経験者がよくしたところの、いわゆる「偽装就業」である。ところが、工場に入って間もなく大統領選挙があり、九老のある投票所では投票箱のすりかえなどの不正があったとされて、労働者や学生が投票所に籠城する事態となった。九老不正選挙事件である。この時、コンさんも籠城に参加し、ほかのたくさんの人たちと一緒に逮捕され何日か警察の留置場ですごした。その「自由をすべて奪われた」数日間を体験して、「私は牢屋に入ってもひるまず闘い続けられるような闘士にはなれない」とつくづく感じたコンさんは、自分がよりよく貢献できるのは文学の道ではないかと思い定めたという。こうしてデビュー作の「新しい夜明け」が『創作と批評』に掲載されたのは八八年の秋のことであった。

コン　ところが、九〇年代に入ると八〇年代の反作用がおこるのですね。さまざまな社会運動が衰退し、新しい理念や方向性も提起できずに、ただ八〇年代の遺産を食いつぶしてすごしていく。もう理念とか価値観とかは輝きを失って、どうでもいいように思えてくる。九〇年前後に東欧やソ連の社会主義が崩壊してしまったことも大きく影響しました。こういう風潮というのは、ある意味で八〇年代のロマン主義的な考え方の裏返しのようなところがあります。あるいは考えることをやめてしまった混乱や荒廃のようなものが、九〇年代の韓国にはありました。
　よく考えれば、社会や歴史に対して進歩的な考え方を持ち続け、社会をよりよい方向に変えていこうとするのは、別に社会主義と結びつけなくてもいいわけです。でも、韓国の社会運動家は、特に理念的なものに関わりの大きかった人たちは挫折感が大きかったのですね。こんな混乱を消化していくために、九〇年代の一〇年間がついやされたといっていいでしょう。

「三八六世代」の生き方

八〇年代に韓国の学生運動や社会運動の中には社会主義的な考え方が広まった。社会の変革は労働者がになうもの、という古典的な階級理論が運動の世界で支配的だった。軍事独裁政権によって禁じられていた社会主義の理念は、よく知られていなかったがゆえに余計に頼るべき対抗軸になると思われてしまったのだろう。社会主義が議論できるような状況になり始めたとたん、東欧やソ連は社会主義をやめてしまったのだから、まじめな活動家たちが深刻な挫折感を抱いたのも、ある意味で当然である。六〇年代に生まれ、八〇年代に学生時代をすごして、九〇年代には三〇代で活躍した人たちを韓国では「三八六世代」と呼ぶ。三八六世代はこうした挫折も感じたものの、その中から新しい社会への歩みを準備していった。

――そうした混沌の中でも、新しい時代を生み出す役割を果たしてきたのは、やはりコンさんたち三八六世代ではないですか。

コン　私自身も二年くらい前まで、自分の中に混沌としたものがあって整理できずにいました。でも、今は確信や希望を持てる気がしています。いったい、自分たちのしてきたことは何だったのだろう、と考えてきました。今になってそれがわかるような気がしてきています。たとえば、「シュリ」のカン・ジェギュ監督のような人の作品を考えても同じようなことがいえると思います。彼は私とほとんど同世代ですけど。
　今、自分のことでわかりやすくいうなら、かつては外面的なもの、自分の外にあるものをめぐって闘ってきたということです、自由を勝ち取るために。でも、最もなおざりにしてきたのが自分の内面との闘いだったんですね。本当の自由を得るためにはこれが両方なければいけなかったのに。現在、民主化運動に関係があったか、なかったか、ということとは関わりなく、三八六世代は社会の中で多くの人がこの点に気付いてきたようです。私も自分のしてきたことが決してムダではなかった、これからはそれを補う仕事をしていこう、と方向を見定めつつあります。

実際、韓国の政治や社会にはまだたくさんの問題が山積しています。女性たちの運動や生協運動、環境運動は九〇年代にあっても活発でした。逆に自分自身の反省としても最近考えているのは、文学の分野での不充分さです。

コンさんのこの言葉は、ある意味で九〇年代のこの人の作品の歩んできた道を表現したともいえよう。九三年に『サイの角』が出た時、女性たちは家父長制社会の抑圧を鋭く描いた作品として歓迎したが、社会運動する男性の中には「運動のことを書かなくなった」と文句をいう声すらあったようだ。民主化運動や社会運動が女性の権利の問題で政権を批判することはあっても、なかなか自分たちの内部の問題について是正していけなかった現実を、『サイの角』は鋭くついた。いうまでもなく、九〇年代はそれほど不毛ではない。個別的な問題を提起することで社会を前進させていく作業の始まりだったのだから。

――文学においては、コンさんと同世代の社会的な題材を書く作家たちが、このところあまりかんばしい成果を残していないという気がしますが。

コン　私もその点については憤慨しているところがあります。文学の中に進歩的なものをどう表現するか、という試行錯誤をする作家がへってしまったんです。評論家のキム・ミョンインさんは私の『存在は涙を流す』への書評で、九〇年代にコン・ジヨンがいなければ進歩派の文学はなかったも同然だ、というように評していました。実際に、文壇の中で私は孤立した感じがしていました。『存在は涙を流す』のあとがきで「修行者はひとりである。修行者のかては耐えがたい孤独だ」という言葉を引用したのも、そんな気持ちからです。一〇年近くも運動的な文学をしてきた人たちが、どうして「そんなものはもう関係ありませんよ」というような作品を書けるのだろうか。別に体制とかイデオロギーとかを常に問題にする必要なんかないんです。自分の作品に意味を込めて書けているかどうか、が問題です。明らかに、よい作品が出ていないことには作家各自の内部に問題があると思います。

韓国は一〇年単位で現代史が特徴づけられていて、進歩と停滞とが交互にくり返しているようなところがありますが、この通りでいけば二〇〇〇年代は進歩の時代になるはずです。それに、私たちの世代の自己反省も形をとってきたので、期待できると思います。この間、あまり書いてこなかったパン・ヒョンソクさんのような人に期待しているのですけど。いずれにしろ、作家や芸術家が進歩的でなかったら、誰が進歩的なものを表現するんですか。映画や音楽も当然よいものを表現できる可能性を持っていますが、資本の力に頼るところが大きいのがむずかしいところです。文学は相対的に資本の介入が少なくてもやっていける分野なので、私としてはわが道を行くつもりでいます。

——九八年に『ポンスニ姉《オンニ》さん』を出されました。これは体験的な部分の多い作品と聞いています。社会の底辺で生きている貧しい人たちに対して、八〇年代に民衆解放を叫んで学生運動をした世代たちが持っていた罪責感のようなものが描かれています。これから韓国社会を生きていく中で、学生運動をした人たちとポンスニたち、いったんは人生を厳しくわかたれてしまった者たちが再びどこかで出会う希望的な可能性も示唆しているのでしょうか。

コン　私もこの小説に着手した時、なぜ書くのか、自分でもはっきりしないところがありました。むしろ、全部書いてしまってから、自分の中で整理がついたような気がします。創作の過程というのは、完全に結末まで組み上がっているのではなくて、何か胸の中にあるから書くのですが、没入していて自分でもよくわからない部分というのがあるのです。自分で自分の作品をあらためて読んでみて、わかったことがありました。経済的に苦しい家に生まれ底辺の生活をしてきた者も、私のように裕福な家に生まれた者も、最後に出会った時にはともに人生に失敗してしまっています。それを私はいいたかったようです。そして私自身、最近はそれを認めるようになっています。面白いことに小説の最後で私自身の、あるいは三八六世代のインテリの失敗というものを認めたために、かえって力がわくようになりました。それまでは、自分は失敗したわけではないんだ、と我を張ってはいても、自分自身がすっきりしていませんでした。でも、この小説を書いて自分の失敗を認めたことで、自分自身を相対化しつつ、韓国の民衆という存在を素直に見れるようになった気がします。罪責感でないところから、その人たちを見つめ、そこに人間の希望を見い出せるというのでしょうか。

『ポンスニ姉さん』

『ポンスニ姉さん』は、ソウルの阿峴洞《アヒョン》の女の子とその家のお手伝いさんのポンスニの出会いを描いた物語で、コンさん自身がかつて阿峴洞に住んでいたことからも推測できるように自伝的な色彩の濃い作品である。主人公はやがて成長し学生運動も体験するが、結婚に失敗し夫との訴訟に至る。ポンスニは貧しい生活から脱け出せず、男にだまされては見放されるといった人生をくり返す。最後に主人公は地下鉄の中でホームレスのような風体のポンスニと出会う。六〇年代以降の韓国社会の変貌と、その中での対照的な生活のふたりの女性を描いた興味深い作品だ。

――つまるところ、学生運動や社会運動のインテリたちは、かつては民衆に本当の意味で出会えなかった、しかし今新しい時代を前にして出会うための手がかりを得つつあるということなのでしょうね。

コン　その手がかりが、いろいろな理念や権威が崩壊してしまった今こそ、つかめるのではないかということです。不確実なものをひとつひとつ除いていって、人間にとって確実なものは何か、つきつめていくと、生計、暮らしというものにつき当たります。食べていくこと、これは誰もがしなければ生きていけませんから。ここから出発しよう。そして、日常、家庭を足場にして視野を拡大していこう。そんなふうに考えたのです。たとえば、八〇年代には国家や社会について私たちはまず語って、それを家庭などに適用しようというやり方をしました。これはほとんどみんな失敗してしまったんです。それなりに成功したのは、パンチョギさん（子育てマンガを描いているチェ・ジョンヒョンさんのこと。二〇〇〇年にはKBSでマンガをもとにしたドラマも放送された。社会評論社から『パンチョギの育児日記』として邦訳あり）のところくらいかな（笑）。だから、日常や社会を出発点にして社会を描く作品を書いてみよう、これが最近の私の結論です。『存在は涙を流す』に収録した「孤独」という短編は、そういう意識で書いてみた、いちばん最近の作品です。

文学が語らねばならないものがある

――二一世紀の韓国社会はどのようなものになるとお考えですか。

コン 二一世紀といっても、もう明日あさってのことですよね。そうすると、韓国社会のあり方が、その非合理性という点でますます問題になるでしょう。私たちが八〇年代に女性の権利の問題を運動にしようとした時も、それは韓国の前近代的な家父長制を克服しようとする、いわば近代化の運動でした。私たちが主張したようなことは、一定程度韓国社会に受け入れられたわけですが、まだ根本的なところで解決されていません。大きなことでいえば、韓国の政界も同じなんです。旧態依然たる保守政治家や、その人脈を引き継ぐ人たちが牛耳っていて。二一世紀といっても、目前にはいろいろな問題が山積しているのが現実ですね。

――これから、どんな作品を書きたいとお考えですか。

コン いくつかの構想がありますが、まだ固まってはいません。ひとつは政治的な立場を変えた人物を描くもの。もうひとつは全然ちがって高麗時代の歴史上のライバルを描いたもの。それから、短編として「楽しい兄弟」みたいなものを、今までとは全然ちがう形式で書いてみたいと思っていますが、まだどうなるかわかりません。いずれにしても、これからは女性作家ではなく、作家として勝負して、きちんと評価される作品を残していきたいです。

九八年に来日した際に、コンさんは推理小説を書きたいという話をしていた。しかし、韓国では一般的に推理小説はレベルの低いものと認識されているので、このジャンルで書くということはなかなか負担感がある、とコンさんは話していた。コンさんは、カネをめぐる人間の姿を書きたい、ということだったので、日本では戦後推理小説の創始者というべき松本清張や、現代的なテーマを選んで多くの読者の支持を得ている宮部みゆきのような人がいる、といって、誰か韓国で訳す人がいたらいいのだがと宮部みゆき『火車』を進呈した。その後、『火車』を訳してくれる人は見つからなかったようだが、警察署を訪ねて捜査の方法について取材しなくては、といっていたので、コンさんのミステリーの構想はとりあえず進行中のようだ。コンさんのミステリーなら、松本清張と宮部みゆきの中間くらいになるだろうか?

——二一世紀における文学の役割については、どのようにお考えですか。

コン　真実を伝える最後の媒体とでもいったらいいんでしょうか。その真実というものは、時には人びとから目をそむけられるものかもしれないし、重たいものかもしれないけれども、でも文学はそれを語らなければならないと思います。

韓日の女性同士の交流を

——日本の文学については、どうお考えですか。

コン　日本の文学はそれほど読んでいませんし、あまりピンときたものがないんです。唯一、印象に残ったものがあるとすれば、大江健三郎の『静かな生活』。たとえば、韓国でもユン・デニョンのような作家の作品を読んでいると、主人公は釣りと冷たいビールさえあれば人生に満足できるようです。そこにまた、ちょうどよくきれいな女の人が出てきたり。日本の村上春樹や村上龍の作品は、たくさん読んだわけではありませんが、ユン・デニョンと似たような雰囲気を感じます。この人たちは文学を通じて、もっとほかに伝えたいことがないのだろうか、というのが私の感想です。

村上春樹の作品が人気を得るというのは韓国に限らない現象であり、それにはそれだけの理由があるはずだ。村上春樹の国境を越えた人気が持つ意味というのは、それをプラスと考えるにせよマイナスと考えるにせよ、一度検討してみるべき課題といえるだろう。ところで、韓国で翻訳紹介された日本文学は近年ふえてきているが、その幅はあまり広くない。ひとつには両村上に代表される現代の作品、もうひとつは夏目漱石や川端康成のような近代の古典。この二分野がおおむねをなす。ただ、最近映画の公開と合わせ浅田次郎『鉄道員』が刊行されよい売行きを示すなど、二一世紀に向け文化交流のさまがわりを予測させるようなエピソードもある。日本の女性文学も紹介の機会がふえれば幸いだ。

実は九八年の講演の際、私が司会者をしながら、コンさんの作品には子どもを生まない女性がどうして登場しないのか、と質問した。コンさんはこれまで韓国でそういう質問を受けたことがない、とやや当惑気味の答になった。この時、会場の在日朝鮮人の女性から、子どもを生まない、生めない女性の問題は、簡単にすませてほしくない問題だとの声があがり、通訳上の問題などもあってコンさんと意思の疎通のうまくいかない対話になってしまった。三〇代以上の世代では、母性についての日韓の女性の感覚のちがいは少なくなさそうだ。ただ、その点は一定『サイの角』の中にも出てくるものであり、ちゃんと出会って議論する場が必要と思う。そのためにも、日本の女性文学が少しでも韓国で紹介されてほしいのである。

――最後に日本や日本人に希望することを語ってください。

コン　日本とは冷静な距離をもってつき合っていければいいのではないか、と思います。たとえば、私にとって日本の作家というのは遠い存在です。一方では日本文化に対する開放問題がマスコミでよく取り上げられますが、実際には映画も歌もすでに海賊版の形で入ってきていますから、開放するかどうかが重要なわけではないんです。もう現実に韓国の若者の中に入ってきて存在しているのですから。その意味で、韓日間のいろいろなことがらをひとつひとつ、冷静に見て解決していくことが必要だ、ということです。

同時にもうひとつ思うのは、女性同士の交流がもっと活発になれば、ということです。東アジアを見渡してみると、中国は女性の活躍がめざましいけれど韓国とは社会体制がちがうので、相互の相違点もある。台湾も民主化が進んでいるといいますが、一般の韓国人にはあまり身近ではありません。やはり日本が、距離的にも社会システムの上でも、最も身近です。家父長制の抑圧を解消していくという共通の課題も抱えています。「従軍慰安婦」の問題もそうした課題のひとつでしょう。

日本での講演でも話しましたが、過去に多くの抑圧を受けてきた女性たちは、日本人であれ韓国人であれ、協力していける素地を持っていると思います。そうした女性たちが出会い力を合わせることで、自分たちのおかれた状況を変えていける追い風になればいいです。いずれこれが東アジアレベルで力を発揮できるようになってほしい。

そして、平凡なことですが、日本人が自分の生活が大切だから、隣りの国の人たちの暮らしも大切だと、ごく自然に考えられるようになればいいと思っています。

（一九九九年一一月、および二〇〇〇年一月取材）

放送が中立であることがかえって真実を遠ざける

米国やヨーロッパの地上波が面白くないのは他に面白いことがあるからです。死ぬほど働いて遅く帰ってくる韓国人は、他にすることがないでしょう。人気アナウンサーのソンさんが語る韓国マスコミ事情。

MBCアナウンサー●**ソン・ソッキさん**（整理／聞き手　石坂浩一）

韓国においてもテレビのニュース番組が報道に占める役割は大きい。韓国でも最もよく知られたニュース番組は夜九時のMBC（文化放送）の「ニュースデスク」であろう。この番組のキャスターは花形ともいえる。「ニュースデスク」のキャスターを含め、アナウンサーとして親しまれているソン・ソッキ（孫石熙）にお会いして、マスコミの中でのソンさんの仕事の意味や日本との関わりについてうかがった。ソンさんは自分のことを「軽く見える」といっていたが、たとえばの話、久米宏さんあたりと比べれば、はるかに威厳と知性を感じさせる人だった。この知的な雰囲気が人びとに信頼感を与えるのかもしれない。一九五六年生まれ。

「ターザン」を見て育った世代

——故郷はどこですか

ソン　ソウルです。生まれてからずっと、ソウルを離れて暮らしたことがありません。

――すると、団地・マンションのようなところで育ったのですか。

ソン　いいえ。私が思うに、ソウルに本格的にマンション建設が行なわれるようになったのは六〇年代末からです。ですから、私がそうしたところで暮らすようになったのは七〇年代、正確にいうと七三年からです。

――子どもの頃からテレビがありましたか。

ソン　六〇年代初めからテレビ放送は始まっていましたが、私の小さい時はまだ家にはテレビがありませんでした。テレビを購入したのが私が小学校六年の時でしたから、六八年になりますね。それでも、この年齢でテレビを見るようになったのですから、テレビとともに育ったといってもいいでしょうね。御存知と思いますが、カラー放送が始まったのが八一年です。だから、白黒テレビ世代というところです。

――テレビはよく見ましたか。

ソン　娯楽というのがテレビしかないんですよ。今でも、かなりの程度そうですが。そういう意味で見ました。

――その年齢以降だと、子ども向けの番組を見るということにはならないですね。

ソン　はい。よく見たのは洋画ですね。今ではテレビで洋画を上映することは、それほどありませんが、あの当時はアメリカから買ってきた番組を放送するということ自体が多かったんですね。韓国のテレビの草創期は、いわばメディア帝国主義というべきアメリカの文化がどっとテレビ番組を通して入ってきましたから、私のような世代はその影響をたくさん受けてしまったでしょう。

――子どもの頃に見たもので印象に残っているものは何ですか。

ソム　「ターザン」です（笑）。一生懸命見ました。

――自分がテレビに出るような人になるとその頃から思っていましたか。

ソン　そんなことは想像もしませんでした。

――では大人になったら、どんな仕事をしたいと思っていたのですか。

ソン　マスコミで働きたいとは思っていました。あるいは学校の先生とか。まあ、子どもが将来の職業として思い描くものとしては普通でしょう。マスコミといっても、私の考えていたのは新聞でした。

――新聞で働きたいという子どもは、その当時は多かったですか。

ソン　そんなに多くはありません。やはり子どもの夢として多いのは外交官や裁判官、あるいは事業家といったものでしたね。

――ソンさんの時代はテレビがあっても、まだよく本を読んだほうですね。

ソン　そうです。私の世代の子どもの頃はまさに過渡期です。学生時代まではよく本を読みました。仕事をするようになってからはなかなか読めませんが。主に小説をたくさん読みました。外国の小説も韓国の小説もみんな見ましたけど、だんだん成長するにつれて韓国の小説のほうを多く読むようになりましたね。必読の名作とか、あるじゃないですか。アンドレ・ジイドの「狭き門」とか。そういうものはみんな読んでみました。それが中学くらいまででしょう。高校・大学と進むにつれて、だんだん韓国の小説のほうが感覚的に合うようになっていって、外国の小説を読まなくなりました。

――どんな作家が好きでしたか。

ソン　朴範信《パクポムシン》はよく読みましたが、どの作家がとりわけていい、というのはあまりありません。ずいぶん批判もされていますが、李文烈《イムニョル》の作品もたくさん読みましたし。もうその頃には作家に人生を左右される年齢でもなくなっていましたから。

世代による日本観の差

――御両親や祖父母から、日本の植民地時代に被害を受けたとか、苦労したという話は聞かれましたか。

ソン　たくさん聞きました。わが家の人たちが直接的な被害を受けたという話はありませんが、一般的な話として。両親は七〇代ですが、この世代は過去に対する一抹の郷愁のようなものを抱いています。もちろん、それは意識の中のごく一部ですが。それはひとりの人間が昔をなつかしむ意識ではありますが、植民地時代がよかったと思っているわけではないのです。

――では日本に対するイメージというのはどんなものでしたか。

ソン　やはり韓国に被害をもたらした国、そして南北分断の契機を作った国ということです。もちろん、分断は米ソによる分割占領からおこったわけですが、植民地支配がなければ米ソによる分割占領もありえなかったのですから。

――日本人と会う機会というのはありましたか。

ソン　まれにはありましたが……それはレベルのちがう話です。各個人に対しては、民族的敵対感を持つということはあまりないでしょう。これまで会った日本人も、個人的にはいい人たちです。しかし、個人で会う時と、民族や国家のような集団として語る時とは、全く意味が

ちがうということです。最近までも含めれば、外国に行った先で日本人と会うことがよくありました。米国に約二年間行っていたのですが、そこで出会った日本の留学生たちもみんないい人でした。この点は米国も同じです。アメリカ人もひとりひとりは、いい人なんですが、同時に国のレベルでは批判すべきこともあれば、学ぶべきこともあります。日本についても、同じようなことがいえます。

私たちくらいの世代までは、どうしても日本に対する感情的な敵対感が先立ってしまうでしょうね。これが二〇代、三〇代ともなると、そういう敵対感はだいぶ少なくなるはずですが。すでに日本の文化が韓国にたくさん入ってきていますが、これに向かい合う上でも若い世代は理性的でいられると思います。

インタビューの終わったあと、ソンさんは「日本語で本が出たら、母が代わりに読んでくれるでしょう」といっていた。私は「昔、日本にいらっしゃったのですか」と思わずたずねたが、「日本の植民地時代に教育されたんです」という答が返ってきた。そういえば、インタビューの中でも両親が七〇代という話が出ていたのだ。本書の一連のインタビューは三〇代の人たちが中心で、親たちの年齢もソンさんの場合より少し若かった。ソンさんの年齢はきいたものの、若く見える人だったので、何となく六〇歳そこそこの親を想像してしまっていた。今、インタビューを整理しながら、五〇年代生まれと六〇年代生まれのちがいについて、あらためて考えさせられている。

韓国でのニュース番組の作られ方

——大学での専攻は何でしたか。

ソン　学部では国文学、大学院はジャーナリズム論でした。学部の頃から就職はマスコミ志望だったのですが、それとは関わりなく文学に関心があって、学部時代は国文学を選んだんです。大学の専攻自体は職業とあまり結びつきません。工学部からマスコミに進む人だっているんですから。

——それは日本も同じですね。では、入社する前はジャーナリズムに対して、どんなイメージを持っていらしたのですか。

ソン　韓国のジャーナリズムというのは、正義感を持った愛国志士的なイメージが強いんです。なぜかというと、日本の植民地時代の新聞は、日本の支配に抵抗する表現の場であった。一九二〇年に韓国の近代的な新聞の先駆として『東亜日報』と『朝鮮日報』が創刊されると、独立や民族解放の情熱に熱える若者たちが自分たちの意志を表現すべくそこに飛び込んでいきます。そうした歴史が、ジャーナリズムの志士的なイメージにつながっていくわけです。

それで私としても、高校・大学と学校に通いながら感じた社会の矛盾を解決していくのはジャーナリズムだ、という志に燃えてこの職業をめざしました。

ソンさんは七六年に大学に入学、大学院を経て八三年に朝鮮日報社に入社した。ただし、これは記者ではなくマネージメントの職種であった。ちょうど七九年の第二次オイル・ショック以降、韓国経済は悪化し、ソンさんが就職した頃はまだ、ようやく立ち直りつつあるところ。就職も厳しかったらしい。

——答えるのにお困りかもしれませんが、新聞と放送のどちらを気に入っていらっしゃいますか。

ソン　それぞれ、いいところがありますが、性格がちがうんですね。電波の影響力というのはとても強いものがあって、映像メディアは広がりを持つけれども深みが足りない。これに対して新聞は、深みをもって伝えることができるし、より長く残るでしょう。映像メディアもいろいろな努力を試みていますが、まだこれまでのところ、オピニオン・リーダーの役割は活字メディアから出ています。テレビは事件の現場を見せ、その音声を聞かせ、早く広く伝える面ではぬきんでていますが、見たり聞いたりすることで人びとが満足し、それで終わってしまう限界がある。一般的な話ですけど。さりとて、新聞も各社ごとに主張がちがうわけですから、ひとくくりにはできませんが。

――MBCに入社されたのはアナウンサーとしてだったのでしょうか。いったん入社すると取材や制作は担当しないのですか。

ソン　私の場合はアナウンサーとして入社し、その後、三年くらい報道局にいてから、またアナウンサーに戻りました。こうした職種を越えた異動は、まれにはありますが、多くありません。今だったら学生たちは放送の職種についてどういうものがあるか、よくわかって採用試験を受けるでしょう。でも、一七年前、八三年に私が入社試験を受けた当時は、放送の職場についての情報がとても少なかったんです。だから、正直にいうと、放送局にどんな職種があるか、全部は知らなかったのが実情でした。たとえば、私もよくわからずに誤解していた笑い話をあげると、プロデューサーというのは単に芸能人とつき合っていればいいのだろうとか、放送記者は新聞記者よりレベルが落ちるんじゃないかとか……でも、この当時は就職するのがとてもむずかしかったので、まわりの人からアナウンサーになることを勧められて、そのまなってしまったんです。今も就職はとてもむずかしいですが、当時も何百倍くらいの競争率でしたから、とにかく就職すること自体が目標だったんです。ですから、まずは就職しようということで、それ以上は考えられませんでしたね。

――自分で制作したいとお考えになりませんか。

ソン　それは報道局にいた時は自分で取材や制作もしましたし、アナウンサーとしても、時おりはそちらに手を伸ばします。米国に行っているあいだには、一〇くらいニュース番組を作りましたし、アナウンサーをしている場合でも準備作業は一緒にしますから、大きなものは作れなくても、小さなものを部分として作ることはよくありますよ。ニュースの中でも私が直接出かけていって取材したものを構成して流す形です。

――ニュース番組を作るプロセスはMBCではどのようになっているのですか。

ソン　これはMBCに限らずほかの放送局でもおおよそ同じです。ただ、日本とはちがうかもわかりません。以前に米国で会った、日本のどこかの放送局の人の話によると、日本はニュースにプロデューサーがいます。ところが韓国はニュース・プロデューサーがいません。それだけシステムが整っていないというべきでしょうね。たとえば、日本の場合は取材は記者がして、リポートはプロデューサーが作るわけですね。ところが、韓国の場合は記者が取材もし、リポートも作って読み上げてということをひとりでするんです。インタビューの依頼も記者が自分でしなくちゃいけません。そういうわけですから、業務が過大にならざるをえないわけです。あることがらの取材に集中する、というのがむずかしいシステムのままです。

ニュースのディレクターという存在も、いることはいるのですが、職種として専門化し独立しているのではなくて、記者の中の誰かが交代で、一年か二年ずつ引き受けるという形をとっています。記者たちはディレクターになると現場を離れなくてはいけないので、いやがります。辞令をもらえば仕方ありません。つまるところ、記者同士が助け合うような形のディレクターですね。韓国ではシステムがきちんとしていないことが課題といえるでしょう。

NHKの報道局のかたにうかがったところ、ニュースは特集番組のような場合を除いては、日本でもプロデューサーはいないとのこと。ソンさんと話した日本の放送関係者が日本の実情をうまく表現できなかったのかもしれない。一方、ディレクターが日本では明確に専門化しているというのは事実である。ただ、規模の小さな民放の場合については、韓国と同様のこともあるかもしれないという。マスコミのシステムが日韓でどのくらい共通しており、どこがちがっているのか、整理して紹介する場が必要なようだ。

ソン　それと、記者クラブというのが日本でもありますが、韓国も同様のものがあって、非常に問題が多い。植民地時代にできた慣行がいまだに今日まで残っているんです。これこそ報道統制の源泉ですし、最近でこそ見られなくなったものの袖の下を使う場合の温床でもありました。クラブに属していなければ最低限の情報さえ得られないという悪習は、いまだに打破できずにいます。米国のホワイトハウスのようなところを見れば、誰でも平等に取材できるようになっています。しかし、韓国は官庁が自分の都合のよい、管理しやすい方向でしか考えないので、クラブを通してしか情報を出さない。そこからは官庁の宣伝したい情報だけが流され、記者の側もその情報に依存しやすくなる。そんな問題点がまだ残っているのです。

話をニュース制作の過程に戻しましょう。記者たちが取材をして戻ってくると、一日に二、三回、ニュースの編集会議が行なわれます。そこでその日のニュースの内容や翌日のニュースの方向を決め、また企画物の取材がある場合は翌日になすべき仕事を指示します。すると記者たちはまた取材に出て、戻ってくると記事を書き、声を録音し、コンピュータ・グラフィックが必要ならばその担当者に画面の作成を依頼し、そうしたものを合わせて編集する。これでやっと、ひとつのニュースができるのですね。ニュースのひとつの基本単位は一分半、編集会議の責任者は報道局長です。

しかし、問題は、報道局長が編集会議を主宰していく責任者だけれども、ニュースの内容についての最終的な責任者ではないということです。政権を批判するようなもの、他社の報道を批判するようなものは、報道局長の上の報道本部長まで行き、それでも解決できなければ専務に行き、それでもだめなら社長まで上がります。MBCは公営放送ですから、社長は大統領が直接任命するわけではありませんが、選任において大統領の意向は影響しています。すると、上に上がれば政権を批判するのがむずかしい。

いまはやりたいことができている

——具体的には入社以降、どんなお仕事を担当されましたか。

ソン　最初は朝の六時のニュース、次に夜の六時四〇分のニュース、それから夜九時の「ニュースデスク」の週末のキャスターを担当して、またそのあと朝のニュースを担当しました。朝のニュースは以前は一〇分間だったのですが、私が戻ってきた時は「ニュースワイド」という名前で、一時間五〇分にもなっていました。ちょうど「グッド・モーニング・アメリカ」や「おはよう日本」にあたるようなものですが、軟かいニューストピックはなくて硬いものばかりです。ただし、三〇分ごとに同様のニュースをくり返す方法をとっています。この朝のニュースは、タイトルは変わりましたが今もありますよ。ほかには教養番組や情報番組、トークのようなものに時おり出ました。

この日のインタビューでは時間が限られていたのできかなかったが、ソンさんの「ニュースデスク」キャスター時代には見逃すことのできないエピソードがある。ＭＢＣ労組のストライキにまつわる話だ。八七年一二月に結成されたＭＢＣ労組は、八八年八月、公正な報道のための社内体制の刷新や、政府から任命された社長の更迭などを要求、ストライキを準備していた。そして、スト突入以前に順法闘争として行なっていたのが「労働協約勝ち取ろう」「公正な放送を」のリボンを胸につけることであった。リボンは視聴者に見えなければ別に影響はないが、ニュースキャスターがリボンをつけて画面に登場するとなると話は別である。在宅率の高い週末の「ニュースデスク」のキャスターだったソンさんには、労組側からも会社側からも熱い期待が寄せられた。平日の「ニュースデスク」キャスターはリボンをつけなかった。悩んだソンさんは、リボン着用の始まった最初の土曜日の出演の際、奇想天外な方法を思いつき、実行した。リボンを背広ではなくワイシャツの胸のポケットのところにつけたのである。画面には背広のえりからリボンの一部が「何かつけているな」というくらいには見えたが、そのメッセージはわからなかった。あまりのユニークな方法に、ニュースが終わったあと、誰も声をかけてこなかったという。ソンさんはみじめな気分になった。

このままではいけない――そう考えたソンさんは、翌日の日曜のニュースでは背広にリボンをつけた。管理職はあわてたが、ソンさんは意志を貫いた。カメラマンはリボンが映らないよう顔から上だけ撮ることを管理職から指示されたけれど、従わなかった。「私の人生で最も興奮した瞬間」だったとソンさんは書いている（国際民主連帯機関誌『人から人へ』創刊号（00・2）より）。

なお、ＭＢＣ労組は九二年九月から一〇月にかけて長期ストライキを行なった。好評のドキュメンタリー番組「ＰＤ手帳」で韓国の農村問題を取り上げようとしたところ、ちょうど北朝鮮の政府代表が韓国に来る時期に放送の予定になっており、南の遅れた部分を見せるような番組は好ましくないと社長からクレームがついたのである。結局、会社側が放送を中止させたので、労組は抗議のストライキに突入した。このため、労働争議調整法違反および業務妨害の容務で労働組合の委員長ら役員七人が拘束された。この時、ソンさんも裁判で執行猶予の判決が出るまで、監獄ですごした。執行猶予中は番組をおろされ、出勤しては仕事をほされてすごし夕方になると帰宅する毎日だったが、九三年六月に番組に復帰した（これについては『検証「日韓報道」――ペンの懸け橋』一九九五年、大村書店に収録された、ソンさんへのインタビューによる）。

――ソンさんはアナウンサーとして視聴者から人気があると聞いています。ハンサムだというのも理由のひとつでしょうが、ソンさんのアナウンサーとしての特徴というのは、どんなところなのでしょうか。

ソン　自分の持ち味というのは、おのずとあらわれるものなのですが、自分で意識しているわけではありませんが、視聴者が感じるものがあるのでしょうね。自分としては、テレビに出て有名になったからといって個人的な名声を求めるようなことはしまい、と考えてきただけですが。私のことを支持してくれる人は主として若い層に多いと思います。そして、その理由は視聴者たちが私が労組活動をしていることなどを知っていて、その進歩的な面を評価してくれたからではないでしょうか。もちろん、ニュースの中でそんな面がはっきりわかるようなやり方はしません。一日にひとこと、ちょっとちがったニュアンスの、この人ならではの言葉があったな、と感じさせるくらいのことです。

韓国のニュースは、たとえばMBCの「ニュースデスク」にしても、日本の「ニュースステーション」のようにキャスターたちが和気あいあいと画面の中でおしゃべりに興ずるというような場面はない。基本的には、何をどのように伝えるか、で韓国のニュース番組は勝負をかける。キャスターの個人的なコメントはほとんどない。

――するとニュースの中で自分の意見をさしはさむようなことはありますか。

ソン　不可能ではありませんが、とても制約があって、実際にはほとんどないといえるでしょうね。いろいろ条件もあります。たとえば入社して二、三年の人だったら、自分の意見を反映するということはとてもむずかしいでしょう。よほどよいアイデアでない限りは。でも、私が今年一七年目ですが、私くらいになれば、自分の主宰する仕事の範囲ではかなり私の考えを通すことができます。また、アナウンサーとして、記事についてのコメントが回ってきたのを読む時、一〇年以上の経験のある人なら、多少そのコメントを自分の考えで直しても問題になりませんが、入社一、二年くらいのアナウンサーではそんなことはできません。こういうことは、どんな集団でも似たようなものですが。

――すると一〇年くらいの経歴がひとつの基準ですか。

ソン　五年くらいで中堅といえるでしょう。今の会社は情報化がすごい速さで進んでいますから、あまり年をとるとかえって新しいものについていきにくくなるじゃないですか。放送界はその速度がとりわけ速いですから、五年すぎれば中堅、一〇年たてばベテランです。

――このところは自分のしたい仕事ができているとおっしゃっていましたが、具体的にはどんな番組やニュースと関わってこられましたか。

ソン　九九年四月に二年ほど滞在した米国から帰国したのですが、そのあと取材したのが何かというと、ソウル地下鉄のストライキをめぐる問題でした。日本ではどうかわかりませんが、韓国は労働組合がストライキをすると、みんなが批判的な目で見ます。そこでソウル地下鉄労組の組合員の生活を集中取材しました。中間の立場で取材するように努めましたが、中立的ということが韓国社会では労組に理解のある立場にならざるをえなかったと思います。また長期間ストライキを解決できなかった原子力病院の争議の場合、放送で取り上げた翌日に妥結に至りました。よい影響力を与えることができたのではないでしょうか。そんな調子でやってきましたから、よい報道だと評価してくれる人もいるでしょうけど、悪く思う人もいるでしょうし……よくわかりません。

　結局、放送はどんな役割を果たすことが求められるか、考えざるをえなくなります。少なくともあらゆる立場から中立でなくてはならない、といわれますが、私は、それはちがうんじゃないか、かえって真実から遠ざかってしまうんじゃないかと思うんです。私としては、社会の中で疎外された人たちの側に立ちたい。それが今の社会の中での放送の役割ではないでしょうか。公営放送というならばやはりそういう役割を果たさねばなりませんし、哲学としてそのくらいのことは持つべきです。ただ、企業として生殺与奪権は権力のある人たちに握られていますから、それを深めていくことはむずかしいのですけど。

韓国のテレビはなぜ「面白い」か？

ここで念のために韓国の放送の概要を紹介しておこう。まず国営放送である韓国放送公社（ＫＢＳ）は政府が全額出資しており、テレビは地上波と衛星の双方にふたつずつのチャンネル、ラジオはＡＭ・ＦＭ双方のチャンネルを持つ。九九年の年間予算は約一兆ウォン、職員総数約六〇〇〇人、地方局が二五か所となっており、労働組合がある。これに対して、文化放送（ＭＢＣ）は株式の七〇％を公共団体である放送文化振興会が掌握、残る三〇％は朴正煕《パクチョンヒ》元大統領の娘の朴槿恵《パククネ》氏が理事長をつとめる財団の所有で、実質的な公営放送の基盤が確保されている。ＭＢＣには一九の地方局がそれぞれ独自の法人として存在し、その株式はＭＢＣが一般株主とともに所有する形をとっている。こうした公共的な所有構造をさらに推進することを市民団体では主張しているが、他方で民営化を主張する論者もいる。さらにかつてはＫＢＳの傘下にあった教育放送（ＥＢＳ）や、地方放送としてソウル放送（ＳＢＳ）などがあるほか、ケーブルテレビも多数開局してしのぎを削っているが、ケーブルテレビの業績は苦しい。

——テレビは多チャンネル化し多様化の時代を迎えるといわれていますが、今後韓国の一般市民にとって、テレビはどういう存在になっていくとお考えですか。

ソン　私がヨーロッパに行った時にテレビを見てみましたが、ヨーロッパのテレビは面白くないですね。世界で一番面白いテレビというのは、おそらく米国、日本、韓国じゃないでしょうか。とはいえ、米国もメジャーなネットワークはそれほど面白いものが多いわけじゃありません。ケーブルテレビで見られるものがせいぜいであって、実は地上波は米国であれヨーロッパであれ、それほど面白くはない。なぜかというと、ほかにいろいろ面白いことがあるからです。家の前には公園があって近くには湖もあり散歩も釣りも遊びもできるとか、趣味も多様にあってピアノをひくもよし、同好の人の集まりに出るもよし……テレビに依存しなくても日常生活が可能なのが米国やヨーロッパだといえます。ところが考えてみてください。六〇年代以降の韓国は工業化と経済発展の中で死ぬほど働いてきました。日本も同じですよね。仕事をして家に遅く帰ってくれば、もうすることがないじゃありませんか。だから、やたらとテレビが発達したんです。ただ面白さだけを追いかける方向で。八〇年代の全斗煥政権の下でテレビがカラーになって、韓国のテレビはますます面白くなりました。政治的無関心を促すため政権側でも面白おかしいテレビ番組がふえるよう誘導していきます。プロ野球が誕生したのも八〇年代です。今は手放しましたが、かつてはＭＢＣがプロ野球の球団を持っていたことさえありました。ですから、一般大衆に対してテレビが持つ影響力は、他の国と比べても相当に大きいといえるでしょう。

そのことは韓国におけるインターネットの普及の早さともつながっています。韓国においてものすごいスピードでインターネットが広がったのは、テレビというインフラがよく浸透していたからにちがいない、と思うのです。ずっとテレビにかじりつく余暇生活を営んでいたので、簡単にインターネットに移行できた。アメリカ人は、韓国はそんなに文明が成熟していないのに、どうしてこんなに早くインターネットが広がったのか、と不思議がっているようです。でもそれは自然な流れであって、韓国人はまちがいなくテレビとインターネットが合わさった媒体に引き込まれているのです。

ところで、テレビとインターネットは大きなちがいがあります。インターネットは双方向だということです。だから、インターネットによってテレビという媒体にも必ず変化の波が打ち寄せるでしょう。放送の民主化という私たちの念願の課題にしても、インターネットでいろいろな意見が開陳されていて、改善・改革の方向が見えつつある。インターネットによって登場した新しい世代をN世代と呼んでいますが、このN世代が主役となり民主化に向けた意見が集約されていけば、韓国の多くの課題は解決されるのではないでしょうか。

――番組作りにも大きな変化が生まれるでしょうね。

ソン　そうです。これまでは放送の発達の遅れから、韓国は米国や日本のものをたくさん受容せざるをえなかったし、番組の中身についても剽窃とかの疑惑がしばしば出たわけです。ただ、日本はテレビ番組にしても映画や歌にしても、剽窃や海賊版の存在が常に問題になりながらも著作権の問題をあまり強くいわなかったのは、思うに日本の文化が韓国に浸透していく基盤作りになるからではなかったかと考えられます。これが日本文化の進出のインフラになると思えば、何も損失にはならないのですから。ところで、双方向での通信が発達すれば、よりよい意見やアイデアが集約され、剽窃のような問題も解消されるのではないでしょうか。しかし、まだインターネットによる事業というのは小資本なので、双方向の通信で集められた豊かなアイデアを事業として生かして展開していくには至っていませんが、それでも、テレビに出ないようなオルタナティブなニュースを作ろうとか社会から疎外された人たちの現実を知らせようとかいう作業は始まっていて、韓国全土でそのメッセージが届かないところがありません。メジャーなメディアと同じ情報を流していても意味がないわけですから。

現在の枠組みの中でできること

――ソンさんはこれからどんな仕事をしたいとお考えですか。

ソン　私はＭＢＣで働いていて、これからもフリーにならない限りはＭＢＣで仕事をするでしょう。私は入社して一七年、自分が作れる番組の幅は狭いものでしかないのだなと痛感しています。あれこれいろいろなものに関心を持ち手を伸ばせるほうではないと自分自身わかっていますから。そうすると、MBCの放送の中身が私と合わなくなることも充分にありえます。そうしたら、フリーで仕事をする道を選択するでしょう。自分で作りたい番組を作ってメジャーな電波に乗せるのであれ、オルタナティブな放送の発信に力を注ぐのであれ。しかし、それはまだ現実の話ではありません。今のMBCで私の果たせる役割は相当にあると思っています。その枠組の中でしたいことといえば、インタビューや討論の番組を、若者向けに、多少の笑いもあり、それほど重たくならない感じで作り上げていきたいです。

――一七年いらっしゃったのですから、そうした番組を実現できる権限もできてきたわけですね。

ソン いや、大韓民国の放送では、すべてがシステムであって、個人への権限というのは与えられていません。ただ自分の影響力が少しはあるかな、というレベルです。とても官僚的な組織だといえます。

――最後に日本や日本人に対して希望されることをおっしゃってください。

ソン 昔、米国とドイツの戦争を描いた映画がありました。ドイツ人は野蛮で無知であるのに対し、アメリカ人は正義の使者で、子どもを見ると抱き上げてやるくらい愛情にあふれている。実際にはそうではないわけですけどね。韓国人の日本に対するイメージはちょうどこのアメリカ人に対するイメージの反対といえます。韓国の映画に出てくる日本人の姿を見てください。どれもこれも、日本人は韓国人を拷問したり殺したりする悪い奴です。とても悪いイメージが定着しています。日本の文化に親しみを感じる韓国の若者も、日本という国が国家としてよろしくないということには同意するんです。ですから、日本人もどうしてそうなのかを考え、韓国人の日本に対するイメージが変わるように努力してほしいと思います。

実際、このところ「Love letter」や「鉄道員」のような日本映画が韓国の若い世代に歓迎されていますし、それは好ましいことですが、国家レベルでのイメージが変わるということは個人でできることではないんです。韓国人にとっては子どもの頃から、日本はイシュー化されています。だから、日本がどこにあるかもわかっている。日本は近くて遠い国ということになります。ところが、日本人はそうではないでしょう。韓国がどこにあるのか、よくわかっていない日本人もいると思います。そうしたちがいを越えられるように日本人の側からも考えてほしいです。

（二〇〇〇年二月取材）

日韓21世紀への実践

◉

いろいろな問題点はありながらも、日韓関係を少しずつでもよくし、日本人と韓国人が互いに理解し合おうという努力があったからこそ、今日までふたつの国と国民の関係はそれなりに前進してきたのだと思う。二一世紀も同じこと。努力と実践があってこそ、よい未来を形成できるし、何かのきっかけもよりよく生かされる。この章ではそうした二一世紀への実践を紹介してみたい。

まず、水原環境運動センターを実質的にリードし、また地方自治体との協力で新しい環境運動の実践に尽力するヨム・テヨン（廉泰英）さん。二〇世紀後半を生きたひとりの韓国人の記録としても、ヨムさんのお話はとても面白い。

次は、日韓の教員の交流から、生徒同士のビデオメールのやりとりまでも実現させた高校教員のリュ・ホスン（柳虎順）さん。長野県の県立篠ノ井高校とリュさんのキョンファ女子情報産業高校の生徒たちが手紙をやりとりするところから、互いに相手が自分たちのことを知らないことを確認し、コミュニケーションを深めていくようすは、九九年八月にNHKテレビのドキュメンタリーでも紹介された。ちょうどリュさんが研修のため九九年から二〇〇〇年にかけて日本に滞在中だったことを利用、インタビューをした。

次のイ・ヘラさんは文中に具体的に紹介されているように、韓国で生協活動に尽力し、その後、日本の生協での研修を体験した方である。日本人と韓国人のちがいをこまかに書きとめた内容になっている。

最後は唯一、日本側から見た二〇世紀末の文化・教育交流の体験記録。横浜の橘女子高校の教員の松村順子さんが、社会科の「異文化を学ぶ」授業を発展させ、生徒たちが韓国を身近に感じるようになっていく交流のプロセスを報告している。イさんと松村さんからは、インタビューではなく直接原稿をいただいた。

こうした出会いが二一世紀にはより深まり広がっていく希望を私たちは育てていきたい。

（仁科）

環境を守り新しい街作りを

私たちの活動は、市民に好意的に迎えられています。政治や利権に関係せず、社会のために活動することへの期待です。エコロジーの二一世紀をめざすヨム・テヨンさんのプロジェクトは進む。

環境運動家●ヨム・テヨンさん（整理／聞き手　仁科健一）

一度よごれてしまった川がまたきれいになるはずがない――そんな人びとのあきらめを見事に引っくり返したのが、水原《スウォン》市の水原川浄化をめざす市民運動だった。この運動を主導するヨム・テヨン（廉泰英）さんは一般市民のみならず、市政からもその企画力を認められ、ついに県にあたる京畿道《キョンギド》からもプロジェクトを委託されて、道庁に事務所をひとつ構えるまでになった。時代を見通す力と実践のパワーを兼ね備えるヨムさんの歩みとこれからの抱負をうかがった。

水原をずっと離れたことがない

――何年生まれですか。

ヨム　一九六〇年生まれです。生まれてからずっと水原を離れたことがありません。小中高は水原で、大学はソウル大でしたが農学部なのでキャンパスが水原。就職してからも水原から通いましたから。高校を卒業するまではいわゆる維新時代ですから、朴正熙《パクチョンヒ》大統領を絶対的な権威者として崇拝し、国民教育憲章を暗誦し学徒護国団という団体で進んで軍事訓練を受けるような若者でした。

中学三年生の時に、ソウル大農学部の畜産科にいた金相鎮《キムサンジン》さんという学生が独裁政権に抗議して割腹自殺したことがありました。私の家は農学部の正門の近くでしたから、当時大人たちが「誰かが維新体制に反対して死んだそうだ」とヒソヒソ話をするのを聞いて「そんな奴は逆賊だ」といった感じを持ったほどでした。

六一年にクーデターで政権を握った朴正熙将軍は、七二年に憲法を改め、直接選挙で選ぶことになっていた大統領を間接選挙とし、長期執権への道を開いた。この時から七九年に朴大統領が射殺されるまでを維新時代とか維新政権と呼ぶ。日本の明治維新になぞらえ大統領自身が「維新」という言葉を使ったが、独裁が強まり民主化運動が高まった時代だった。「国民教育憲章」は六八年に制定された、反共と国家への忠誠を青少年に求める教育勅語のようなものだった。

——どんな子どもでしたか。

ヨム　小学校の頃は成績もよくて、したいことは何でも上手にしたという時代でした。両親も健在でしたし。絵の全国大会で入賞し科学実技大会でも入賞し、成績も首席で級長をして。弁論大会でも活躍しました。そんな具合ですから先生たちからも一目おかれて、レオナルド・ダ・ヴィンチのように科学でも芸術でもすぐれた業績を残したいというのが子どもの頃の夢でしたね。あとになって、自分がそんなに大した人間でないことがわかりましたが、子どもの時はそう思っていたんです。

——一番関心があったのはその中でも何でしたか。

ヨム　小学校の時は科学者になることでしたね。ところが中学に入って一カ月後に父が亡くなって、憂鬱な思春期をすごしました。その三年後、私が高一の時、母が突然亡くなったのです。朝、台所に立って急に倒れ、そのまま亡くなって。それで、他人と競争するということには全く興味を失って、絵を描いてすごしました。だから、絵を描くために大学に行くつもりでした。学科の勉強はほどほどにして。

——子ども時代には、まだまわりに自然がたくさん残っていたでしょうね。

ヨム　ええ。今は水原市に編入されていますが、私の六歳まで育ったところは当時は華城郡半月面《ファソンパヌオル》でした。六歳の時に水原市内に引越しましたが、これがソウル大農学部の近く。ところが、市内とはいっても村で私の家が最初の近代的住宅で、正面は畑、わきには川が流れていて

景色もいいし、夜になるとホタルがたくさん飛んでいました。でも、小学校を卒業する頃には、もう家の立ち並ぶ住宅街になっていました。だから、ホタルもいなくなり、川の水もよごれて、くさくなったし。わずか二、三年のあいだにホタルの姿が見えなくなってしまったんです。急激な都市化を身をもって体験したのですが、当時はこれが当たり前だと思っていました。

——テレビは子どもの頃からありましたか。

ヨム　うちの父は五人兄弟で裕福な家の出身ではありませんでしたから、私が学校で「家庭環境調査票」というのをもらってきてチェックすると、テレビがあるか、電話があるか、といった項目はみんなないほうに印をつけました。電話がついたのは中学に入ってからです。ただ、テレビは小学校卒業前に買いました。これは父の収入だけでは経済的に苦しかったので母がよろず屋《クモンカゲ》を始め、店番をするのに退屈だからといって買ったんです。当時は通行禁止時間があって、これが一二時でしたから、店も一二時まで開いていました。そういうわけだったので、小学校時代の私はテレビを見ていません。父の死後は、私が母の代わりに店番をするようになって、そうなるとテレビばかり見てましたけど（笑）。

——小さい頃は外で遊ぶのが好きでしたか。

ヨム　はい。サッカーやタコあげ、二手にわかれて、それぞれの守るポストを決め、相手のポストに誰かが早くタッチするのを競う遊びとか。このごろの子どもは全然しませんね。とても面白かったんですが。それと、私は小学校三年生の時から釣りが好きで。水原の隣りの華西《ファソ》駅のところに今も残っている西湖はもともとはもっと大きいものだったのですが、私が子どもの頃はまだ駅の東側のほうに西湖の一部が残っていました。そこまで家から歩いて二〇分くらいで近かったからです。フナとか、よく釣れました。

大学で価値観がひっくりかえった

——大学の専攻はどのように決められたのですか。

ヨム　私がいた寿城高校は、当時京畿道が受験校として育成しようとしていた学校でした。もとは京畿道では仁《イン》川《チョン》の済物浦高校が一番の受験校でしたが、仁川市が直轄市として独立したため、新たにどこかの高校を育成しなければならない、と白羽の矢を立てたのです。それまではソウル大に行った人などいなかったのに、私が卒業する三年くらい前から、三人、五人とソウル大に送り出すようになりました。私は美術学部に行くつもりでしたから、先生のほうは「これでソウル大美術学部にひとり行けるな」と皮算用していたようでした。でも、私は弟や妹のことがありますから、生活のやりくりをしなくちゃいけない、美術学部はダメだ、と決心して。当時は共通試験から大学別の本試験まで三カ月近くありましたが、私は先生にもいわずに、一般の予備校に通います。願書を出す段になって美術学部には行かないといったので、先生は驚きましたけど。実は神学部に行こうかという考えもありました。両親や兄弟が教会に通っていたわけではないのですが、両親が亡くなって精神的に一番苦しい時にキリスト教に救われ、高二の春の復活節の時に洗礼を受けます。それが自分にとってとても大きなことだったので、神学を学ぶ道も考えたのです。でも、当面は一家を支えていくことが第一でしたから、これもあきらめて。

国立大は私立よりはるかに学費が安い、それにソウル大の農学部は近くに住んでいて身近でした。専攻としても工や理数ではなく、自然とか農学を取りたかったし。ところが自然学部は冠岳《クァナク》キャンパスでしたから、農学部を志願し、無事合格しました。

——どんな勉強をされましたか。

ヨム　入学したのが八〇年でした。朴正煕大統領が亡くなって「ソウルの春」といわれた時期です。それまで、私は朴大統領の悪口をいうなんて、想像もできなかったのですが、大学に入って一カ月で人生の価値観が一八〇度変わりました。学生運動の主張を聞いて、それまでの政治がどれほど独裁だったのか、抵抗する人たちがいかに血を流し犠牲になったのか、自分の知らなかったことばかりでとても衝撃的でした。自分がそれまで、どれだけ偶像にとらわれていたことか。当時、新しい論理を教えてくれる本として最も感銘を受けたのが李泳禧《イヨンヒ》さんの『転換時代の論理』でした。農学部でも一年生は冠岳キャンパスに通いましたが、入学して一カ月にもならない四月からは毎日学生たちのデモがあり授業どころではなく、五月一七日のクーデターから一〇月までは学校が休校にされてしまいました。そのあと、ほんの一、二カ月で一年生の授業はおしまいです。

当時、私が通っていた水原の教会の副牧師が韓国神学大の学生会長をつとめた人で、学生の信者は私しかいませんでしたが、大学が休みのあいだ、社会科学の勉強会をしてくれました。カール・バルトやボンヘッファーの神学を学びながら、民衆の解放とは何か、自分がキリスト者として正しい生き方をするにはどうすべきか、そんなことを学びます。いずれにしろ、クーデターのおこるまでの四、五月は、一カ月くらいの付け焼き刃の論理でしたが、大学に往復する電車の中で社会人の人たちと論争したり、本当に恐れを知らずにすごしたのを思い出しますね。四月に水原のキャンパスでは、先ほど述べた金相鎮さんの学内で初めての追悼式が行なわれました。来賓の文益煥《ムンイクファン》牧師の弔辞は感動的だったし、昔噂に聞いた割腹自殺した人というのは、こんな人だったんだ、と感慨をあらたにしました。

クーデターのあった日は、副牧師さんが朝から「ついに全斗煥《チョンドゥファン》が出てきたぞ」と訪ねてきたので、農学部のキャンパスに行ってみましたが、校門は閉鎖され戦車が配備されているものものしさ。三日ほどして光州が大変なことになっているという話が伝わってきたので、両親の墓参りをしたあと副牧師さんと一緒に光州に向かいましたが、警戒が厳しくて結局光州には入れません。そこで水原に戻ってきて、アメリカ第八軍のニュースが伝える光州の状況を聞いては、その情報を韓国語のビラにしてガリ版で刷って、明け方に各家庭のポストに入れて回ったり。あれは二、三百枚しか刷れないんですけどね。

光州は戒厳軍に鎮圧された直後に行ってみました。放送局などの燃えた建物がまだそのままで、あちこちのガラスはクモの巣のようにひびが入っているし、街にはいたるところ軍人が立っていました。市民たちから生々しい肉声の証言を聞き、中には泣き出す人もいて……。

もうひとつ記憶に残っているのは、朴政権時代にクビになって八〇年に復職した英語の先生の講義を一般教養で受けたのですが、その人が白楽晴《ペンナクチョン》さんでした。授業内容は単なる英語の勉強で、あまり余計な話はされませんでしたが、教材の中でパレスチナについて触れた部分があって「パレスチナ・ゲリラは人質とか爆弾とかの方法が問題になっているが君たちはどう思うか」ときくんです。学生たちは、人の生命を奪うことはよくない、といった答しかしませんでしたが、それを聞いた先生は「ではわが国の安重根はどうなんだ」と問い返すのですね。安重根はよくて、パレスチナのゲリラは悪いのか？社会について、私たちの知らなかった見方を教えられた気がしました。白先生の講義も一、二カ月だけでしたが。

一年生の時は学校がほとんど閉鎖されていて試験もできず、ほとんどがレポートになりました。でも学生運動をしていた友人たちはみな「拒否しなくちゃいけない」といって、私もレポートを出しませんでした。ところが指導教授が電話してきて、今学校側がレポートを出さない学生の名簿を作っている、他の者はみんな出したのになぜ君だけ出さないのか、というんです。その先生に呼び出されたので行ってみたところ、本当に私以外はみんな出していて「どうだ、君だけだろ」と見せてくれるわけです（笑）。自分の良心を守って生きるということがどんなにむずかしいか、思い知らされました。

キリスト教社会運動の体験

ヨム　二年生になってからは水原の農学部キャンパスに通うのですが、去年金相鎮さんの追悼式で彼の写真の前にぬかづいた教師たちも、みんな知らん顔をしているし、学校に通う意欲を失って前期は休学してしまいました。水原キャンパスにはキリスト学生会というサークルがありましたが、このサークルはＫＳＣＦ（韓国キリスト学生総連盟）につながるもので、いわば運動をするキリスト教サークルです。こちらの活動は一生懸命しました。

また、夜学運動。当時はこれがとても重要な社会運動でした。水原には三カ所の夜学がありましたが、私たちのところだけが純粋に大学生だけで運営されていました。ここで労働者たちと会うことが、八〇年代初めの社会運動のすべてだったといっていいでしょう。

八三年九月に民主化運動青年連合が生まれたのを皮切りに八四年に弾圧が一定緩和される中で、新しい民主化団体が次々と建設された。その間の冬の時代、活動を続けて八〇年代中盤の民主化運動の準備をしたのは、KSCFやEYC（韓国キリスト青年連盟）のようなキリスト教系の社会運動団体だった。

ヨム　休学届を出すと、一カ月で徴兵検査の通知が来ました。当時、学生運動を熱心にしている者をリストアップし徴兵で軍隊に送るという措置がとられていましたが、ずいぶん早く通知が来たものだと思いましたね。当日、検査を受けに行くと、私ともうひとり、出てこいといって別途に呼び出すんです。そこで「デモをしただろう？」と追及されましたが、していてもそうは答えませんから「いいえ、していません」とシラをきって。結局、私は目も悪いし、両親がいなくて弟妹の面倒を見なければならないということで、丙種となり徴兵をつとめずにすみます。当時、学生運動の活動家たちは兵役に召集されると地下にもぐり、デモをして刑務所に行く道を選択したものです。

　その後、後期に私は大学に戻り、学生運動の表に出ない中心指導部の役割をまかされました。デモなどでつかまる者が出ても、誰かが残って運動を継続させなければいけませんから、そうしたアンダー・グラウンドの任務をになったのです。水原地域の大学生の連帯デモを行なうような場合、私が陰の指導部になりましたし、キリスト教社会運動でも、水原や京畿道の連合会を組織化して初代の会長をつとめます。

　八四年に大学を卒業しました。同じ科の学生たちはほとんどが大学院か留学で、就職はむずかしくありません。水原の近くに工場のある味元を選びました。そうして働きながら引き続き教会の民主化運動をします。八五年のこと、全斗煥大統領の弟の全敬煥《チョンギョンファン》がセマウル運動本部の会長になり、水原でセマウル教会指導者大会が開かれる、そこでわれわれはその行事に反対するため水原教会の前でデモをしました。当日、いったん会社に出たあと早退して、教会の前の現場に行き、当時私が連合会の会長だったので闘争の指揮をとったわけですね。警察は「あいつをつかまえろ」とくるんですが、後輩たちが私を守ろうとしてもみ合いになり、この日はメガネはこわれるわ、ズボンは引きちぎられるわ、大変な騒ぎでした。刑事は普通、人をつかまえる時に首のところかベルトをつかむんです。水原市の中心街だったんですが、催涙弾も飛ぶし傷だらけになるし。

　そんなことがあって、このままじゃ会社にも迷惑をかけるなと思い、次に出勤した際に「こういうことで会社をやめます」と工場長のところに申し出たのです。入社してちょうど一年くらいの時でした。今でこそ味元はそれほど大きな企業グループではありませんが、当時は大きかったし、工場長は常務をつとめる人です。そうしたら、当然会社をやめなさいというと思っていたのに、工場長は「この時代に君のような若者に出会えるのは光栄なことだ。私が守るから、やめないで仕事を続けなさい。これからどんな仕事をするにしても、最初の職場には少なくとも二年間はつとめてこそ、認められるというものだ。大変でも二年間は続けるんだ」と慰留してくれました。当時、EYCの全国大会がある時など、光州だ、清州だと何日かデモをして、みんな警察につかまり一晩すごしてくるような時代でしたが、本当に工場長は私を守ってくれて、その人の言葉通り、二年あまり味元に通ったのです。そんなふうにして八〇年代の中盤をすごしました。

地域で環境運動を開始

——環境運動への関わりはどこから始まるのですか。

ヨム　大学を卒業する頃には、学生運動をしていた友人たちは、労働運動をするとか農民運動をするとか、自分の道を決めていました。私はとりあえず生活のために就職するけれども、将来自分のなすべきことは環境に関する運動だと思っていたので、自分で勉強をして環境技士一級の資格を取ります。味元をやめたあと、環境対策を専門とする外資系企業に入社し約二年勤務し、三星グループで環境事業のセクションを新設するからとスカウトされて会社を移りました。三星のような企業に行くつもりは元来なかったのですが、専門的な仕事を体験するにはよい機会だと思い、結局四年つとめます。環境技術士の試験を受けられる資格が、技術者としての勤務歴七年以上というものでしたから、味元につとめた時から数えて八年の経歴になり、条件を満たせて、試験を受けてライセンスを取りました。いくら専門知識があっても、やはりライセンスを持っているのといないのとではちがいますから。同時に、会社につとめることで、社会において組織を管理する方法や、企業というものを理解する貴重な体験をしました。私が環境運動において、他人とちがった貢献ができているとするなら、それは企業で働いたことが反映しているでしょうし、効率的な経営や管理ということに私自身も関心があります。

環境についての資格保持者は『環境白書』によれば、九三年末現在で技士一・二級が五万人あまりにのぼるが、環境技術士は二〇五人しかいない。

――水原での運動はどのように準備されましたか。

ヨム　九三年から一年間準備をして、九四年五月に「水原環境運動センター」を正式に発足させました。地域の教会やYMCAの指導者の三人の方に共同代表をお願いしました。最初は専従といっても私しかいません。まだ資金も集まってこなくて。当時は水原の経実連（経済正義実践市民連合）と隣り合わせの事務所でした。経実連の環境問題担当者が私のことをよく助けてくれましたが、それが今のセンターの事務局長です。経実連本部も環境開発センターで専従研究員のポストをくれたので、そこで働いた期間もあったのですが、やっぱり地域で運動をおこさなくてはと、それが重要なんだと思ったのです。もうひとつは、私が生まれてからずっと育ってきた水原に対する愛情でしょう。自分としても技術士の資格を取ったから、今こそ当初の希望だった環境運動を始めるべき時だと考えました。それまでに環境運動をする団体はいくつかできていましたが、地域で自発的に作られたところは首都圏にはありませんでした。中央から近いですから、かえって自主的に作るというのはむずかしい面がありましたよ。それに、支部なら作るのも楽だし。けれど、総花的な運動ではなく地域に根付いた運動にしなくちゃいけない、そのために水原のいろんな団体のバックアップを得て、環境問題に専門的に取り組むグループが必要だ、と考えました。

——センターができた時の市民の反応はどうでしたか。

ヨム　宣伝がむずかしかったです。地方都市はKBSやMBCの地域局がおかれていますが、水原はソウルの衛星都市だということで地域局がありません。従ってローカルニュースに出る機会もひどく限られてしまいます。水原川浄化運動が成功して、やっと市民に知られるようになりました。

水原川は市の中心部を流れている。七〇年代前半までは水遊びや洗濯の姿も見られるきれいな川だった。しかし、都市化とともに汚染が進み、九〇年代には悪臭を放つよどんだ川になってしまった。市は九四年から川の暗渠化を進め道路や駐車場を作ろうとした。だが、このまま川を見殺しにしていいのか、と九五年一二月、環境運動センタを中心とする市民グループが、これ以上の暗渠化を中止し川を浄化しようという運動を始めた。最初は、川がきれいになるはずがない、とたかをくくっていた市民たちも、川のゴミをさらい粘り強く活動する運動に賛同するようになり、九六年五月、追加暗渠化は中止となった。さらにセンターの提言により、川の汚染の原因だった生活排水を下水処理場に導き、最上流の貯水池からきれいな水を放流したところ、川は次第に昔の姿に戻り始め、九七年初めには二〇年ぶりに氷が張った。今も水原川の自然観察や汚染防止の努力を続けており、この成果はセンターに対する市民の信頼を高めた。

ヨム　一般市民は私たちの運動に肯定的・友好的です。政治や利権に関係せず社会のために活動する市民団体への期待が存在するし、市民にとって、より身近に感じられているということでしょうね。センターは、政党や政治団体とは距離を置いてきましたから、政治の動きに左右されることも、左右されていると見られることもなくてすみました。水原川浄化運動、マツの古木を守る運動、環境セミナーや子ども環境教育など、あの団体は公共的な仕事をしているんだな、という感じで見られています。

日本をきちんと知らなくちゃいけない

——話は変わりますが、御両親や祖父母から、日本の植民地時代の話を聞いたことがありますか。

ヨム　私の家族の歴史においては、日本と直接関連した部分はほとんどないようです。日本の植民地時代はつらかったというような話は聞きましたが、特に記憶に残るような話はありません。むしろ、六・二五の時（朝鮮戦争）の苦労話を父からたくさん聞かされています。

——では、これまでの日本に対するイメージはいかがですか。

ヨム　私が通った梅山《メサン》小学校は、植民地時代は日本人の通う学校でした。当時、水原には小学校がふたつしかなくて、ひとつは梅山小学校、もうひとつは私の父も含めて韓国人の通った新豊《シンプン》小学校。私が在学中、明日は日本からお客さんが来るといって掃除をさせられたのを思い出します。昔、水原に住んでいてこの学校に通ったという日本人が訪ねてきて、校庭で写真を撮ったり廊下を歩いたりしていました。先生のいうには、その中の日本人が「昔あった村の井戸はどこにありますか」とたずねたそうです。その井戸はもうなくなっていましたが、私はその話を聞いて、子どもの時に飲んだ水の味は忘れないんだなあ、と何か人間の帰巣本能のようなものを感じた気がしました。それが日本人の情緒かなあ、と。

学校の授業では、日本を非難するようなことが多かったですが、そのために自分が知らず知らず反日感情のようなものを持ってしまったのかな、と気付いたのは会社に通っていた頃でした。仕事で八〇年代末だったかに日本に行った、会社の先輩の体験談で「日本のやつら《イルボンノム》は下劣で野蛮で利己主義でカネのことしか考えないって聞いていたけれど、全然ちがうな。実際に行って見てみると、市民たちの意識もわれわれと比べものにならないくらい整然としていて。いくら俺たちがすごいスピードで発展したといっても、日本人をあなどっちゃいられないぞ」と聞かされたんです。私も自分でその後、日本に行ってみて、同じように感じました。日本をきちんと知らなくちゃいけない、感情的になっていては私たちのためにもならない、と。そうした中で知り合った日本人はふた通りに分けられますが、そのひとつは仕事で出会った人です。経団連の役員でどこかの会社の重役でもあるという日本人は、経団連の環境宣言を起草した人でもあり、環境のボランティア活動もしているということでした。韓国の経済人と見た目は似ていても、かなりちがうぞ、と思ったんです。もうひとつは、仁科さんのような市民運動関係の人でした。正直なところ、世界には実に多様な人がいるんだな、井の中のカワズではいけないな、と痛切に思わされました。

二一世紀はエコロジーの世紀に

——これから二一世紀に向けて、どんな仕事をしていきたいとお考えですか。

ヨム　市民運動や地域運動には、今、たくさんのことが要求されています。これにこたえていくためには、いくつかの道があるでしょう。ひとつは、政治に直接関わって、政策を決定する、より核心的な位置に進出する方法、現実的な力を獲得すること、これがひとつの行き方です。もうひとつは、私自身の個人的な幸福や生き方と関連づけて考えると、実践をする、生態的な根本的なものに立ち戻るべく自然に帰る中で生活するあり方を模索する、ということです。自分の哲学を打ち立てて。これは自分が年をとれば、いずれはそうしていくだろうという気がします。それ以前に、またひとつ、地域の象徴的な存在として活動するという役割があります。ある地域の市民運動の特色を作り上げたとして認められるような仕事をするのも、とてもやりがいのあることです。地域運動に最後までこだわるという道です。いずれにしろ、私のような運動をしてきた人間は、これまでの役割を放棄するわけにはいきませんから、その役割を果たしつつ、今後考えうる方向性としてこの三つを思い描いています。そして、自分の適性からいっても、三番目の道をとるでしょう。二番目はしばらくおあずけで。自分の生きる場所はずっとここだ、という考えです。

ただ、あまりに仕事や役割が多くなって、少し整理が必要だと思っています。誰にとっても安息年が必要ですから。環境運動でも非常に重要なのが国際連帯、国際協力だと思います。われわれの課題を世界に伝え、世界の課題をわれわれが受けとめる。それを市民たちに伝え、より効果的に運動を進め国内でのレベルアップをはかっていく。韓国ではそうした仕事がまだ全くといっていいほど、できていません。本当は環境運動連合のチェ・ヨルさんのような人がしなくてはいけないのですが、なかなか忙しくて着手できない。韓国の環境運動家たちが国際連帯関係を作り上げていくためのワークショップのプログラムを作ったり、海外での研修の機会を提供したりしなくてはいけないのですが。そのためには私自身が海外で体験をし、ネットワークも作らなくてはいけません。それで、二、三年間国際協力のプログラムを作るため自分の視野を広げる機会を持ちたいと考えているのですが、当面は仕事を整理するすべがなくて……

二〇〇〇年一月になってヨムさんから届いた手紙で

は、自治体が市民団体の協力を得て実施している地域ごとの「アジェンダ21」の全国ネットワークの事務局まで引き受けることになったとか。すでに水原市と京畿道の「アジェンダ21」推進にたずさわっているヨムさんには三重のオーバーワークだ。

——地域の環境団体としてはどんな方向性を考えていますか。

ヨム　地域から出てくる要求は今後、一層具体的で多様化してくるでしょう。これをひとつの団体がやっていては、守備範囲は広くなっても深く掘り下げていくことができません。だから、交通問題を専門的ににになう団体、食べ物の問題で運動する団体、といったように細分化されていかざるをえないでしょう。その場合に、自然公園を作ろうとか、どこそこの塀をなくそうとか、具体的な結集軸を提起できるといいですね。いずれにしろ、水原環境運動センターだけですべての問題をになうのは不可能なことです。とても非効率的ですから。

——二一世紀の韓国社会はどのように変わっていき、何が求められるとお考えですか。

ヨム　韓国の市民社会も二一世紀にはもっと成熟して、これ以上高度成長や産業の急激な発展が優先されるようなことはなくなるでしょう。これまで政府の「国土開発計画」といわれていたものも、今は「国土総合計画」となって、「開発」の二文字は落ちるようになりました。これから、多様な階層の、多様な性格を持った、多様な文化が花開き、地域の中で定着していくのではないでしょうか。地方自治や地方化、そして中央集権を排しながらそれを結びつけるネットワークが二一世紀のカギです。たとえば、古着を提供する人とほしい人とを結びつけるネットワーク。多様な情報化が要求されますよ。

そして、二〇世紀が科学の世紀だったとすると、二一世紀は社会のそここでエコロジーが要求される世紀になるでしょう。自然を破壊しないという消極的なレベルではなくて、エコロジカルな論理が社会全体に行き渡って、新しい発展のモデルが模索されるはずです。特に教育においてはエコロジカルな感受性を養う方向に進んでいますが、これがもっと深められなくてはなりません。都市の競争社会の中での子どもたちの積極的な能力をどうやって引き出せるか。今の社会の変化はあまりにも早いですから、対応するのが大変ではありますが。韓国ではオルタナティブ・スクールというのがいくつか試みられていて、そこでは感性のトレーニングというのが行なわれていますが、まさにそれがエコロジカルな考え方に基く体験教育です。子どもの素質というものを重視し、それを伸ばしていけるよう工夫する、ひとりひとりを大切に思うように導く、自然の中にいる自分の存在を自覚させる、そんなものです。今は、教育者というのは社会の中でも最も保守的な集団で、変化するのはいちばん最後なのに、子どもたちは社会の変化をいち早く受けいれているわけですから、各種の問題が発生せざるをえないと思うんです。

——日本も教育について、たくさんの悩みを抱えていますし、日韓の市民が出会って語り合うべきことは多いと思います。これからの日韓関係についてはどうお考えですか。

ヨム　日本の教育現場と韓国の教育現場は、ほかのどの国と比べても似たような課題を抱えているのではないかと思います。その理由は、ひとつには日本の教育法を韓国の保守的な教育官僚がそのまま受けいれたということがありますし、教師集団の社会的な地位やそこからくる保守性、東洋的な意識などがあげられるでしょう。韓国の教育現場でもたくさんの試行錯誤があり、失敗も少なくありません。そんな問題を日韓の教員同士が出会って、率直に話し合ってみる必要があるんじゃないですか。

水原の環境教育にたずさわる教員たちは、今年（九九年）米国に行き、環境教育の研修を受けてきました。子どもたちにとっても、一般の人にも、自然学習センターのようなものが身近に作られねばならないことを、あらためて痛感させられたそうです。日曜に気軽に行けるようなところとして。お金のある人たちは別荘を建てたり海外に行ったりするのでしょうが。都市がもっと開かれたものとして拡散する必要があります。韓国ではソウルがいっぱいになって首都圏に拡散するというプロセスがこの一〇年あまり見られたわけですが、これからはその衛星都市がさらに拡散するプロセスが続くでしょう。その時に、自然と出会える開かれた接点というものをどこかに作っておきたいです。

そんな面での日本の経験を私たちは是非知りたいと思っています。日韓の教員による授業研究会〔次節のリュ・ホスンさんの項を参照〕が歴史と環境というテーマを設定しているのは、とても適切なのではないでしょうか。日本の地域レベルの住民運動のあり方や経験、そんなものも韓国で紹介したいです。まだ韓国の住民運動の力は弱いですが、これから遠からず活発化していくでしょうから。

（一九九九年一一月取材）

決めつけず 長い目でつきあおう

地方では反日的な考えの子どもたちの方が普通だと思います。だから韓国人はだめだというんじゃなくて、もう少し深く見てほしい。日韓合同の教育交流にとりくむ高校教師、リュさんは静かに語った。

高校教師●**リュ・ホスンさん**（整理／聞き手　山下誠）

いまや韓国からは、さまざまな情報が瞬時に流れ込むようになった。韓国の学校も大変らしいといったことまできこえてきて、人々の隣国観も立体感を増しているようである。しかし、私がこれに注目する理由は、韓国に関心がある者の一般教養としてではない。軌を一にして混迷し、また新しい道を模索するわが国の学校教育に携わる者にとって、そこには限りなく豊かな示唆があると思うからである。そんな確信を私に与えてくれたのが、リュ・ホスン（柳虎順）さんである。

「先生たちのこと、いまじゃあ、日本人の誰かとかそういうことではなくて、とっても親しい知り合いっていう感じなんです。前は、日本人っていえばもう……」

日韓合同授業研究会の交流会で出会って四年目の夏、ソウル鍾路《チョンノ》を歩きながら、彼女はそう語った。物静かな語り口だったが、路面をたたく激しい雨音をかき消してしまうような強さと、それでいて人を包み込む温かさに満ちていた。ソウル郊外の実業高校で日本語を教える、一見ごく普通の女性教師である。だが、自分のこころを素直に見つめ、人のことばに静かに耳を傾ける……こんな人がいたなら、激動のなかで〝ニセモノ〟に惑わされず、きっと〝ホンモノ〟をみつけていってくれる、そんな気がするのである。

小さい頃は先生になりたかったけど……

——小さい頃のことは、よく憶えていらっしゃいますか？

リュ　生まれたのは京畿道議政府市《キョンギドウィジョンブ》のちかく、当時はまだ農村でした。ソウルから一時間くらいということもあって、ちょうどあたりが急激に都市化していく時期でしたね。父は、アメリカ軍の基地に出入りしていたようですが、はっきりとはわかりません。ただ、私が時どき父の事務室に行くと、朴正熙《パクチョンヒ》の写真と米韓の国旗があったのを憶えています。近所で何かもめごとがあると、警察に行って仲に入る、そんなことがよくありましたから、今から思えば地域の有力者みたいなものだったんでしょうか。そのせいでしょうか、いつもほかの友だちよりはぜいたくな暮しをしていたように思います。

——七〇年代末といえば、まだそれほど豊かな時代ではなかったと思いますが、テレビはご覧になったんでしょうか？

リュ　テレビは子どもの頃からずっと見て育ちました。そのころテレビは近所でうちにしかなかったので、夕方五時になるとまわりの人が来ていました。何を見ていたか、憶えていませんが、たぶんドラマだったような……とにかく私は、一人で見たいのにみんながわいわい見ているのが嫌でした。電話もうちだけでしたので、何かというと呼びに行ったり人が来たり、パーティーみたいに大勢で食事することもあって、そういうのが嫌でしかたなかった……友だちと遊ぶのは楽しかったですよ。まあ、普通の田舎の子どもの生活でしょう。黒いゴムでゴムとびをしたり、川で泳いだり……子どもの目にはとても大きく感じましたが……。

——そういう家庭だったら、幼稚園にも？

リュ　ええ、一年間幼稚園に通ってから小学校に入りました。そして、三年生の時にソウルに引越して来ました。八二年です。実は、それは父の立場が大きく変わったからだったんです。なにぶん小さいときのことですからはっきりしませんが、ご存じのように政権交代があった直後ですから、きっと社会的な変化がいろいろとあり、そのあおりを受けたのかもしれません。地域の長の席も譲り、まあ普通のサラリーマンになったのですが、政治家

になりたいという気もあったくらいですから、父としてはもうなにもかも失ったという感じだったようです。

どこか遠くを見つめるように話すリュさん。その視線の彼方から、朴正煕暗殺、全斗煥《チョンドゥファン》、光州《クアンジュ》事件といった歴史上のできごとが、突如、人の体温と息遣いとともに迫ってくるようだった。

——転校というのは、子どもにとっては大事件ですよね。

リュ　引っ越して行って、大きなビルだなあと思ったら、それが学校でした（笑）。田舎ではひとつの学年にクラスが三つ四つぐらいですが、そこでは一学年に一〇いくつ教室があって、おまけに午前と午後で分かれていたんです。だから、一学年が三〇クラス近くある勘定です。運動会も別々。田舎では家族全部が来てにぎやかでしたが、運動場が狭いのでそういうこともなく、ただ走るだけであまり面白くなかったです。

——先生はどんな感じでしたか？

リュ　三年生の担任は年をとった先生で、つまらなかったですね。そして、そのころまでは、都会の学校に適応できずにいたんですが、四年生の担任の先生が、毎日日記を書いては見てくれるような活発な先生で、そのおかげでしょうか、学校にも慣れていきました。ただ、授業そのものは、いろいろな教具もなくただ教科書をやるだけでしたので、面白かったという記憶はありませんね。

——大きくなったら何になりたかったですか？

リュ　先生です。

——授業がつまらないのにですか？

リュ　韓国の子どもは、小学生まではみんな将来先生になりたいというんです。それは、いつも見ている大人が先生で、職業といえば先生しか知らないということと、親にも女の子なら先生がいいといわれていたのもあるでしょう。日本の子どもは、女の子ならお花屋さんや看護婦さんというそうですが、私の頃はそういうことはなかったです。お花屋さんといったらきっと夢が小さいといわれるでしょうね。ですから、誰が見ても偉い仕事を、というと教師ということになるわけです。

——ところで、いじめのようなものはありましたか？

リュ　ありました。実は私は、どちらかというといじめた方なんです。五年のときに、どういうわけかすごいケンカをしました。私はいつも何人か引き連れていて、弱い子をいつも守ったりしていたんです。そんな子の一人がある男の子になぐられたので、その男の子を校舎の裏に呼び出してやりかえしたんです。そして、殴られた子が親に言いつけて、その親と先生は仲がよかったので、結局母といっしょに呼び出されました。でも、その子はいつも自分が金持ちだからっていばるような、嫌な子だったので、平気でした。

——韓国の受験競争はすごいと聞いていますが、中学校からそうですか？

リュ　私が通っていたのは、私立の女子中学校でしたが、五〇人友だちがいるなかで、進学校に行ける子は二〇人しかいませんでした。あとの子は、成績順に商業高校や工業高校とかに割り振られるんです。ですから、いい成績をとるために一生懸命勉強しました。いろいろな補習があって、三時半に授業が終わり二時間ぐらいはあったでしょうね。がんばってもできないとあきらめた子は除いて、大部分は補習を受けてました。

——小学校のときは、先生になりたいと思ったそうですが、中学校でもやはり？

リュ　いいえ、中学になると、そういう子はいません。私はデザイナーになりたかったし、ほかの友だちも政治家とかスチュワーデス、それに看護婦など……。

——先生の人気がないのは、どうしてですか？

リュ　今覚えているのは、たたかれたという印象ですね。体罰はひどかったです。数学や倫理の先生には、いつもたたかれてましたから。中間テストが一〇〇点にならないといけないです。一つまちがえると一つ、太い棒で掌や足などをたたかれる。毎日テストがあって間違えた数だけたたかれました。英語のスペルをまちがえてもたたかれて……。

――そういうのにたいする反発は?

リュ　ありえません。先生がしていることだから何でも正しいと思い、たたかれることに何の疑問も持たなかったんですね。

――そんななかでも一人や二人、好きな先生、思い出に残る先生、そういうことはあったと思いますが。

リュ　いいなと思う先生はいませんでした。ご期待に添えずすいません(笑)。嫌な先生はいましたよ。男の先生で授業中に体をさわるんです。先生が近づいてきたら、友だち同士合図しようなんて相談をしましてね。ところが、すごく優しい先生だということで、親には評判がいいんですよ、これが。

いまだったら通用しないことがまかり通り、それに誰も疑問を抱かなかった時代に思春期を送った彼女が、その後なぜ教職につき、今どういう思いで教室にたっているのだろう……。

全教組の先生との出合い

――授業以外の特別活動はなかったですか。

リュ　あることはありました。書道をやってましたが、日本の部活動のように活発なものではなく週一回で、嫌々行ってました。学校帰りにトッポッキ(モチを切って辛く味つけし、いためて食べるもの。おやつになる)を食べながら友だちとおしゃべりするのが楽しみ、そんな韓国の普通の子どもだったですね。

――その頃、日本については、なにか意識はありましたか?

リュ　日本のことといえば、よく憶えているのが歴史の授業でした。私は歴史の時間が好きで、日本と韓国を比べて日本人が悪いとはっきり言う先生が生徒にもてました。

――好きな先生はいないと、おっしゃっていましたが……。

リュ　日本はすごく悪いと聞いていたので、そういう先生はかっこいいと思ったんですね。

――リュさんの周りには日本人はいたのですか?

リュ　いいえ、日本人としゃべったのは大学生になってからで、実はみなさんが最初なんです（笑）。

学校や授業についていい印象はないという彼女が、にわかに〝生き生きとした〟表情で語り始めた。「歴史の時間は好きだった」というタームで語られるとき、反日感情は新たな表情をもって迫ってくるようだった。

――高校ともなると、受験のプレッシャーは大変なものだったのでしょうね？

リュ　受験勉強はとにかく大変でしたが、高校に入って、価値観が多様化したとでもいいましょうか。つまり、成績が悪いが踊りが上手な子はクラスの中で力がある、というようなことが起こるんです。中学生までは、成績がいい人が何でもできる、そういうふうでした。たとえば、成績がいい子が話し合いで発言するとなんでも通り、そうでない子がいうと反対されるし、友だちも成績順にグループができた。それが、高校では、お互い相手の力を認めるようになったといいましょうか。ですから、とてもおもしろかったんです。人生をともに歩いていける友だちにも出会いました。それから、忘れられないのは、高一の時にとてもいい先生に出会ったことです。今まで知らなかった社会に対する視角を教えられたのです。教科書だけでなく新聞やいろいろな本を使う、国語の時間に韓国の音楽を聞く、それまでにない授業で、とにかく新鮮でした。やる気があって、私たちに歴史の勉強とか、今大学生が何をしているかということ、それから先生が自分の考えを話してくれましたのが印象的でした。ちょうど、教員組合運動のような動きがあって問題になった時期ですが。

一九八九年五月、韓国で「全国教職員労働組合」（全教組）が結成された。政府が教員の団結権を認めず、多数の教員を解雇したことから、九九年に全教組が完全に合法化されるまで、積年の社会問題となった。

――そんなことしてだいじょうぶだったのでしょうか？

リュ　校長先生や教頭先生がいつもまわって授業をチェックしてましたね。それで教頭先生のあだながスパイダーマン（笑）。結局その担当の先生はだいじょうぶでしたが、全教組の先生七人のうち、リーダー格だった先生はクビになり、捕らえられました。

――中学校のときは、生徒はなにごとにも疑問を抱かなかったとおしゃっていましたが……。

リュ　はい、でもこんどはちがいました。人気のあった先生はみな全教組だったので、生徒はこぞって解雇に反対しました。私たちは「先生に会いたい」というバッジを作り、そのために徹夜もしました。

——ほかの先生たちの反応はどうでしたか？

リュ　なかには、生徒の肩を持ってくれる先生もいましたが、ほとんどまわりじゅう敵だらけといった感じでした。バッジつくりで徹夜した次の日など、年配の学生課の先生に、「おまえたち、いったいどういうつもりだ！」とぶっとばされました生徒もいました。それでも、禁止された音楽を友だち同士で聞いたり、学生運動のリーダーのポスターや写真をうちに貼ったり……韓国の大学生に大きな変化があって、高校生まで動いた時期でした。先輩のなかには、高卒で工場に入り労働運動をする、韓国語でいうと偽装就業者ですね、そんな人もいました。

——そのころは、どこの高校でもそうだったのですか？

リュ　私の学校は、全教組のリーダーのひとりであるイ・ブヨン先生がいたので、特に激しかったようです。結局、反対運動もむなしく解雇されてしまいましたが、隣の高校は、そういうことはまるでなかったようですから、考えてみると、その先生たちとの出会いが人生の転換点になったのは感謝しなければなりません。

——すると、その後の学校生活はかわりましたか？

リュ　二年生になると、すっかり受験中心の生活に切り替わりました。その先生たちもみなクビになったし、校内では何も言えない雰囲気でした。私も勉強だけを考えました。先生のクビには反対しても、学校のあり方や勉強のことそのものに疑問を感じるようなことはなかったんですね。

——受験勉強中心とおっしゃいますが、具体的には？

リュ　夜一〇時まで学校や図書館で勉強する、弁当は二つ持っていって帰宅は一二時、そんな普通の高校生だったと思います。友だちとも、いつも競争です。二年のときのことですが、テストがおわった後に、成績順に名前を呼ばれたことをよく憶えています。自分が一位になるか友だちが一位になるか……すこしでも成績が下がると、昼休みは図書室で勉強するんです。弁当は前の休み時間中にさっと食べてしまってですね（笑）。

私は、いつのまにか、「幸せは成績で決まるんじゃない！」という韓国映画（カン・ウソク監督の八九年の作品。成績争いに疲れ、自殺する女子高生をイ・ミヨンが演じた）の一場面に、リュさんの姿を重ね合わせていた……。

日本語と日本人の発見

――大学では日本語科に進まれたわけですが、高校の頃から日本語に関心を？

リュ　高校では日本語が第二外国語でした。でも、ひらがなも覚えていなかった（笑）。いろんな科目の一つというイメージしかなかったですね。受験科目にも入っていなかったから、週三時間あってもみんな勉強しないんです。私も数学の内職をしたり（笑）

――中学では日本を悪く言う先生をかっこいいと思い、日本語の授業も別に好きでない……ではなぜ大学では日本語科を選んだのですか？

リュ　中学高校のときには、反日意識や反日感情は誰にも当たり前のようにあります。日本語科を選んだのは、女性が就職するのは大変だが、経済大国である日本の言葉を知っていれば有利だと考えたのです。反日意識と日本語を学ぶこととは矛盾しないんです。

――実際、大学の雰囲気はどうでしたか？

リュ　みんなとても派手で、びっくりしました。オレンジ族（九〇年代の新世代の呼称の一種）みたいな人もいましたし。大学に入ったのが九二年ですが、そのころになると、普通の大学生は社会問題に対する関心も少しずつ低くなっていたように思います。社会的なことより、自分個人のことを大切に考える人が多かったですね。

――日語科の学生は、日本をどのように意識していたんでしょうか？

リュ　不思議なことだと思われるかもしれませんが、日本語をやっていても日本に関心があるという人ばかりではありませんでした。経済や歴史より語学の学科は派手な雰囲気があって、日本に対する意識はほとんどないという人もいました。もっとも、どこの大学の日語科でもそうだったかどうかはわかりませんが。

「言葉を学ぶことは、文化を学ぶこと」であると〝当然のように〟思っていたが、そうではないという。私は、ショックのせいか軽いめまいを感じながらも、長いあいだ受けてきた英語教育にまつわる苦い記憶を辿っている自分に気がつかざるをえなかった。

――ごく普通に反日感情をもち、とくに日本に関心があったわけでもないリュさんが、日韓合同授業研究会の交流会に来られたきっかけは？

リュ　日本語を使える機会があるといわれて……それだけです。就職のために英語と日本語の語学学校に通っていましたから。ところが、行ってみたら、とても場違いな感じがして、気まずいというかですね……若い人が多いと思っていたんですが、年配の人がいっぱいいて、いったいこの人たちは何しに来たんだろう、ここにいる韓国人は親日派じゃないのか、自分はどうしてこんなところへきてしまったのだろう、正直とまどったことを憶えています。

リュ・ホスンさんと善元幸夫さん（1999年）

――そのときの韓国側の参加者になかで、やはり最初、日本人に対する不信感や反感があったが、私たちと何日かいっしょにいるあいだに日本観が変わったという人が、けっこういらっしゃいましたが、リュさんも？

リュ　いいえ、かえって不信が高まったというかですね……総督府の解体式の会場で、日本のメンバーの方がKBSテレビのインタビューで、「全部なくなればいい」なんて言っていらっしゃいましたが、いったいこの人の本音は何なんだ、と耳を疑いました。韓国人が聞いているから、耳あたりのいいことをいっているんだろうと、本当にそう思ったんです。先ほどもいいましたように教師になりたいとも思っていませんでしたし、日本人と会ったこともなかったから、ダブルのショックだったんです。教師、日本と悪いイメージがふたつ重なるから、これ、わかりますか？　ですから、その後、ずっと韓国側の研究会にも参加しませんでした。

一九九五年、韓国の解放五〇年にソウルで開催した初回の交流会のあと、メンバーは解放の記念式典を見物に行った。この時、総督府の建物なんか、ないほうがいいと怪しげな韓国語で歴史に残る発言をし、KBSのニュースに出たのが、日韓合同授業研究会の善元幸夫さんだった。

――でも、つぎの年、東京まで来て授業報告をされましたね。この時はどういう気持ちだったんですか。

リュ　実は、ひょんなことから教師になって、実際に職場で生活するうちに、教師に対するこだわりというようなものがすこしずつ消えて楽になっていったんですね、気持ちが。そしてこんどは、自分の日本が嫌いだという気持ちも、それがはたしてほんとなんだろうか、あの時の日本の先生に会って、じかに確認したいと思うようになったんです。自分が少しずつ変化し始めていたのです。

――確認の結果はどうでした？

リュ　二回目の時には、会員の方は信頼できることがわかりましたが、一般の参加者のなかには、韓国を中傷する発言があって、韓国に対していいイメージを持っているのはここにいるごく一部の人なんだなあ、と思いました。でも、三回、四回と交流会を重ねるなかで、人の社会の中にはいろいろな流れがあるが、「そうではない人もいる」ということを実感した。つまり、社会の表面的な流れにかかわらず、自分の考え、信念を持って行動する人がいるという存在感を感じるようになったんです。個人的に何か行動している人の存在です。こういう見方ができるようになるにはずいぶん時間がかかりました。

――リュさんがそう思うようになった、エポックメーキングなことが何かありますか？

リュ　いいえ、それは、ある一瞬のできごとによるものではなく、交流会で実際に会ったり、準備のために話し合ったり、共同で作業をしながら……そして、気がついたらそうなっていたということなんです。

交流会の内容について、決定的な行き違いがあったのだろう、開催直前になって話がこじれたことが一度ならずあった。緊迫した電話のやりとりが深夜に及んだ時の、冷たいものが背中を流れた記憶がよみがえる。そのとき、実は彼女が信頼という積み木を積み上げていたとは……。

揺れて変わる生徒そして私

――そういえばさきほど、ひょんなことから教師になったとおっしゃいましたが、どういうことなんでしょう？

リュ　韓国の若い人のなかで、教師になりたいという人はあまりいません。教師になるための試験は難しいのですが、それほどまでしてなりたいという職業ではないといったらいいでしょうか。殴られたり、受験が大変とかで、学校にいいイメージをもっていないんです。私の友だちも、なるのにはいい職業だが自分はなりたいとは思わないという（笑）。私たちの頃はコンサルティング会社が一番で、キャリアウーマンになるのが人気がありました。

――すると、教師になる気はなかった？

リュ　一言でいうと親と大学の先生に、高校の教師にされたようなものです（笑）。実は、四年生の一一月にコンサルティング会社にはいって研修を受けていたところ、教授から「教師の席が一つ空いているからテストを受けろ」と電話が来て、親も会社員より教師がいいと言うので、研修の最中に祖父危篤の嘘の電話をしてもらって、テストを受けにいきました。採用の通知がきても、私は教師にはなりたくはなかったのですが、会社に行こうとすると親に靴を隠されたりして、結局仕方なく教師になったわけです。会長からは、「教師より会社のほうが給料もいい、いろいろな部分であなたの才能は生かされる」と説得されましたが……もっとも、ＩＭＦになってその会社も今はどうなっているか……（笑）。

――実際高校教師になってどうですか？

リュ　生徒と話したり、教えたりするのがとても面白くて、この仕事が自分にあっていると思えるのは不思議なくらいです。今では、教師になってほんとうによかった思っていますし、教師になりたくなかった自分が自分でないみたいで（笑）。

――今ではですか。すると、教師になりたてのころはどうでしたか？　なにか、印象に残っていることはありませんか？

リュ　そうですね。今の学校に赴任して、初めての授業でのことですが、どうして日本語を勉強しなくちゃならないんだ、と迫られたことがあります。自分が高校の時は、勉強は受験のためにするものだ、という前提がありましたので疑問を抱くことさえなかったんですが、商業高校の生徒の場合は、日本にたいする抵抗感といいますか、そういったものがあらわれるんですね。私は、何と答えていいかわからないまま、思わず「日本に克つために勉強するのよ」といったんです。そうすると生徒は、「はい、がんばります」となるわけです。いまでは、そのように訊く生徒はいませんし、もし訊かれても、私もそうは答えないでしょう。日本を楽に受けとめられるようになったとでもいうのでしょうか。社会も、生徒も変わっているのです。ただ、忘れてはいけないことは、生徒もそこに迷いを感じながら、左右前後に揺れながら変わってきたということです。わたしは、そのことをこれまでの授業をとおしてひしひしと感じるのです。そして、その点では、実は私も生徒と同じなんです。

——生徒との共通点ですか……。

リュ　もし私が、もっと年齢が上だったとしたらちがったかもしれませんが、たとえば、日本の漫画やアニメをよく見ているので日本が好きになる、でも好きになってはだめなんじゃないか、そういう生徒の迷いはよく理解できるんです。わたしは、このような、迷いというか悩みが大切だと思っています。たいていの生徒は、自分だけの個人的な問題だと思っているのですが、「みなさんはマンガは好きだけど、日本は嫌いだと思うこともありますね」といったりすると、ぶつかりながらも自分の気持ちを見つめなおすきっかけになるようです。そのうえで、生徒たち自分自身で考えを整理してもらいたいんです。生徒は、自分のアイデンティティーとぶつかりながら、自分の問題意識を普遍化していくんです。それにつれて日本に対するイメージも変わっていく……。

高校時代の先生に似てきた

——従軍慰安婦問題にも熱心に取り組んでいるそうですが、ナヌムの家での活動と授業とはどう結びついていますか?

リュ　従軍慰安婦に興味を持ったのも、教師になってからです。実は、学校のそばにナヌムの家があったんですが、行く勇気がなかった……日本人の友だちがいて、誘われて初めて恐る恐る訪ねたんです。韓国人に誘われたのではないことが、複雑な気もちですが……。

授業の中ではですね、慰安婦のことや、その背景などを話しますと、まずは反日感情が盛り上がるんですが、実はそこに日本人もいて手伝いをしているというと、生徒も「えっ?」って感じになる。そして、話が展開するんです。つまり、一番悪い印象を持ちやすい場所で、ちがうイメージが出るのは大変な驚きでしょう。これからもナヌムの家に生徒を連れていきたい……たくさん日本人ともふれあわせたいと思っています。

——生徒に日本を知ってもらう意味は、どこにあるとお考えですか?　日本を知ってこそ日本を批判できるという意見もよく聞きますが……。

リュ　日本を知ることで、日本が他の普通の国と同じように感じられることが大切だと思います。アメリカやブラジルを見ると同じ、客観的な目で見られるようになったらいいと思うんです。批判するためにではなくて……。

——リュさんのそういう生き方に影響を与えたのは、やはりあの……？

リュ　そうです、高一のときの先生たちの影響はあるようです。意識的にまねしているつもりはないが、結果的にその先生に似てきているように思う。生徒の私に対するイメージを聞きていると、身振りや話し方まで、まるであの先生を見ているみたいで、おかしいです（笑）。

——高一の時の先生と似てきたとおっしゃいましたが、それで管理職からにらまれているということはありませんか。

リュ　まったくありません。先ほど言った、社会的雰囲気もあるせいでしょうか……今回の日本語の長期研修も、ふつう私立の学校ではありえないことなんですが、すぐにＯＫを出してくれました。恵まれていますよ。

——今日本にきてどうですか。

リュ　人間の暮しはどこにいっても同じだと思いました。実は、日本に対する興味が少し薄れてきました。

——何か、がっかりするようなことがあったのですか？

リュ　いいえ、外国に目が向いてきたんです。日本を普通に他の国のように感じ見ることができたんです。それは、日本語研修センターで、世界中のいろいろな外国の人と暮らすようになったことと関係があるかもしれません。これまで、外国といえば日本だけでした。交流会や研究会に参加することで、逆に日本にとらわれていた面があったのかもしれません。

——リュさんが考えているようなことを、授業のなかで実践していくことが可能なんでしょうか？

リュ　今、韓国の学校は激変期を迎えていて、私のこどもの頃のように、詰め込み中心ではありませんから、自分の考えにしたがって授業を進めることができるようになってきました。体罰に頼るということも、もうできませんし。学生をたたいたりはできません、去年からは。

——体罰がなくなること自体はいいことでしょうが、そんなに急に変わるもんでしょうか、ちょっと疑問ですが……。

リュ　あんまり急なことなんで、現場の先生は大変です。先生の権威も突然なくなりました、この一年で（笑）。

点数が悪いとたたき、たたかれることに誰も疑問ももっていなかった。それが、わずか一〇年でこの変化だ。副作用がないわけはない。韓国の先生たちは大変だと思う、同業者として。それでも、混沌が創造の揺籃であるならば、と願うのみだ。

——授業のなかみはどうですか。日本の小学校では一九八九年に生活科が始まるなど、新しい動きがありますが……。

リュ　実は、同じようなことが、すでにその一年前に韓国では始まっているんです。

——しかし、教育課程の改編など、制度的な変化が内容の充実に結びつくとはかぎらないのでは？

リュ　授業そのものをおもしろくさせてくるのが九〇年代半ばでしょうか、特に、目に見えて変わってきたのはこの一、二年のことです。

——高校では具体的にどんな動きがあるのですか？

リュ　小学校では、政府が〝開かれた教育〟を推進していますが、中高ではまだまだこれからですね。やはり、受験がありますから……でも、少しずつ変化が見え始めています。とくに、私の学校は商業高校なので、教師がやりたいことができる高校です。進学校ではこれほどにはできないでしょう。音楽が好きな先生はロッククラブをつくり、活発にやっています。先生のやりたいことができる学校といえます。私の指導する日本研究班もうちの学校だからうまくいっているのです。校長や理事長の考えが、他の学校より先を行きたいという風ですから、できるだけ新しいことをしようという雰囲気、校風があるんですね。

日韓の交流の広がりの中で

——これから、日本に、日本人に望むことといえば、何ですか。

リュ　お互いにいえることですが、とくに私が日本人に望むのは、たまたま会った韓国人がひどいことを言ったり、理解できない行動をしても、それだけで「韓国人はこうだ」と決めつけないでほしいということです。今変わりつつあるとはいえ、実際に変わっているのが見えるのは一部ではないかと思います。地方では反日的な考えのこどもが普通だと思います。そういうこどもに会った時に、だから韓国人はだめというのではなく、もう少し深く見て、どうしてそんな行動をするのか、そういう見方をするのかということを見てもらえたら、と思うんです。韓国人が日本を知るということはアイデンティティーの問題もあるし複雑です。自分の中の限界や悩みもあります。一見おかしな行動や反応が出ることもあるでしょう。それをわかってもらいたい、長い目で見てもらいたい、ということなんです。

——それはどうして？

リュ　私自身、こうしていい先生たちにめぐりあって、あるひとつの見方で日本人はこうだ、と判断するのではなく、日本の中でもこんな人もあんな人もいるんだ、という多角的な視角を持てるようになったのですから。

——リュさんは、これからも日本と関連したお仕事をされていくとおもいますが、そのへんどうでしょう。昨年は、日本のテレビにも出てリュ・ホスン先生は注目されていますし……。

リュ　そういう社会的な雰囲気だからということもあると思います。韓国政府の政策がそうですから……ちょっと前だったら、いったい何をやっているんだ、ということになるところでしょう。日本と交流をしているような人に注目しようという環境が、特に金大中大統領になってあるせいで、これは私の問題であるというよりも社会の問題です。でも、もしこういう社会的な環境が変わっても、いま私がやっていることは自ら望んでやっていることですから、これからも続けるつもりです。

空前の韓国ブームとでもいうのだろうか、ここのところ多くの日本人の目が韓国に向き始めた。これにたいして、表面的なものと警戒する向きもあろう。一方で、映画や音楽、そして言葉など、文化的なアプローチも楽しむ人もけっして例外ではなくなり、考えようによっては、すでにあった関心を素直に表現できるようになっただけ、という分析も可能かもしれない。こういった事情は韓国もおなじなのではないだろうか。いずれにしろ、ここへいたる道のりの長さを思うにつけ、拙速にして後戻りというのは避けたいものだ。

リュ・ホスンさんは、その道を、流れの先頭をきって走ってきたわけではない。むしろ、多くの人が進み始めたときも、時にその人波からはなれ、自分の歩幅を確かめつつ、ゆっくりと歩んできた人である。ひるがえって、左といわれれば左、右と聞けば右と、とかく流されがちで無定見な筆者などは、浮かれているうちに行く手を見失ってしまいそうだ。でも、そうなってもきっとどこかで、確かな歩みを進めているリュ・ホスンさんの、行く道を指し示すまなざしに出会えそうな気がしている。

（一九九九年一一月取材）

生協による韓日交流

イ・ヘラ

初めての日本生協訪問

日本と具体的な関係を持つようになったのは、まさしく生協活動のおかげです。わたしは韓国の生協が現在よりもはるかに知られていた一九九〇年に、民友会生協が創設されたときのメンバーのひとりでした。生協事務室で商品を班別に小分けし、注文を受けて代金計算をするのに無我夢中だった頃に、生協中央会を通じて日本の生協の関係者がときどき訪ねてきました。生協設立段階のときに日本の生協の経験や事例集などを読んでいたので、十分に言葉も通じず短い時間の交流でしたが、同じような考えの仲間がいることに驚きうれしく思ったことが記憶に残っています。

そうこうするうちに九一年、ですから生協を始めて一年半位のときに、六日間ほど日本の生協を見学する機会が訪れました。新潟総合生協の総会に、韓国の生協関係者が招待されたのです。娘が初等学校三年生のときでしたが、夫が行くようにと積極的に勧めてくれたので、わたしは生まれて初めての海外旅行に出かけました。けれども日本に対する特別の考えはありませんでした。まだ一般市民に海外旅行の許可が出るようになっていくらもたたないときだったので、外国に対する好感度を調査すると、最も行ってみたい国にはアメリカやスイスが挙がっていました。

飛行機から降りて見た成田は、農地がまるで定規で引いたように一直線で秩序整然としていました。出迎えの方々とマイクロバスに乗り、走りながら見た街の様子が韓国にとても似ているので、わたしは驚くとともに複雑な気持ちに襲われました。にわかに植民地の歴史が思い浮かんだからです。わたしは幼い頃から二一年間もソウルの萬里洞で暮らしました。その家は日本家屋で近所には同じような家屋が何軒も残っていました。日本に着いて車窓から見た家々は、玄関のドアを開けてすぐ入る仕組みの木造二階建てで、韓国風の煉瓦の二階家ではないので、三六年間支配を受けてすべてのものが日本式に変わってしまったのかと錯覚したのです。自分がそのような考えをするのに戸惑い、初めての海外旅行の興奮がその瞬間に鎮まり、悲しくなったことを覚えています。

それまで一度も意識しなかった韓日間の歴史を、なぜその瞬間に思い浮かべたのでしょうか。でも、重要なことは実際にそうした感じがしたということです。韓国にやってくる日本人も、韓国と日本がひどく似ていると驚いていますが、植民地時代を思い出したり、悲しい気分に浸ったりすることはほとんどないようです。ここに韓国人が日本を見る視角と日本人が韓国を見る視角の差があり、この視角をどう狭めていくかに交流の核心がある、と悟ったのはそれから数年後のことです。

六日間の見学で、生協業務に関係のないことのうち印象深かったのは、日本の男性の生活をのぞき見ることができたこと、そしてどうしても日本語を学びたいと思ったことでした。わたしはそのとき初めて短期間の出張をしたのですが、日程は詰まっていても家事、つまり食事の準備をせずに用意されたものを食べる(?)だけなので、とても気楽に過ごせました。朝の八時頃から動き始めて夕食を兼ねた交流会が終わるのは、たいていは九時頃でしたが、その後も二次会、三次会とお酒を飲んで、夜更けに帰宅する新潟生協の職員が、翌日の朝になるときちんと新しいワイシャツを着て、ふたたび案内してくれるのを見て、いつも家事と職場の仕事のバランスに苦労している女性たちと比較してみたくなるのでした。

日本語を学びたいと思ったのは、気がかりなことが余りにも多いのに、通訳が一人だけではとうてい対応しきれないのを見て、また意外に韓国と日本との生協交流が活発に進行しているのを知ったので、民友会生協にも言葉のわかる人間がいなければならないと強く感じたからです。日本から帰ると、わたしは退勤後に独学で以前手にした(大学の頃に、日本語特講を登録したが、一週間ぐらいで放棄した)本で少しずつ勉強しました。そしてある事情で生協の常勤を辞めてからは、さらに本格的に日本語を学ぶようになりました。学んでおけば使う機会もあるだろう、少なくとも民友会生協に日本生協の関係資料を翻訳して提供できれば、という漠然とした動機によるものでしたが、わたしは熱心に日本語講座に通って勉強を続けました。そうこうするうちに生協中央会を通じて、東京の「首都圏コープ事業連合」の第一期長期研修生に選ばれ、六か月間東京に滞在して本格的に交流の幅を広げることになりました。

六か月研修に行くまで

別の組織に入ったり、よその国の会社に行って学ぶのを研修といいますが、わたしは生協が行う研修はまさに市民レベルの民間国際交流であり、たんに大きな組織の仕組みや方法を学ぶという以上の、さらに深い意味があると思うのですが、これを実際に行うための手続きは、思っていたよりも大変なものでした。研修生受入れのための入国許可手続きを初めてした首都圏コープ事業連合は、とても苦労したようです。そんなわけで九三年秋の予定が翌年の春まで延期され、日本政府側に提出した書類や資料は積み上げると三〇センチを越えたといいます。たぶん韓国から不法入国する者が多いからでしょう。どこの国でもそうなのでしょうが、担当公務員たちが韓国と日本の生協が推進する民間レベルの国際交流をよく理解できなかったためかもしれません。けれども大勢の方々の努力が実って、とうとう九四年四月五日に日本に向かいました。

ここでわたしが日本に行こうとしたときに、韓国で最も多く耳にしたことをお話してみましょう。六年生になった娘を会社員の夫に預けて、六か月間研修に出かけると聞くと、人びとは家庭はどうするのかと尋ねました。男性の場合にもそのような話が出るのだろうかという思いと、そもそも勉強しに行くのに、それ以外に言うべき言葉はないのかという思いで、わたしはそのような言葉を聞くのがとても嫌でした。どのような経過で研修に行くようになり、どう準備したのか、研修に行ってなにを学ぶのか、言葉の勉強は進んでいるのかなどを尋ねるのではなく、結婚した女性がどうして家を六か月も空けて、その間の主婦の役割はどうするのか、といったふうに語る人が多かったのです。

あるひとはわたしが仕事をして家事をやり子どもを育て、折々に語学の勉強をして研修に行くために努力した事実よりも、研修に行くことを認めた夫が立派だと言ったりもしました。現実を反映したものであり、結婚した女性を見つめる韓国社会の視角を如実に示した言葉なのでしょう。研修に出かけた私がどうして家のことを心配しないというのでしょう？心配を減らすための具体的な援助が必要なわたしに、勝手に自分の固定観念を並べ立てる人びとを見て、この世の中で暮らすときに、他人にどのように語らねばならないかを学ぶことができました。

心まで温めてくれた生協の仲間たち

成田に到着すると、すでに韓国訪問のときにお会いし、手紙のやり取りをして親しくなった三人の理事と初対面の職員が出迎えてくれました。わたしたち五人の女性は、優に四〇キロを超える荷物を手分けして電車とタクシーに分乗し、半年のあいだ暮らすことになるアパートに向かいました。西船橋駅から一五分ほどのところでしたが、首都圏コープ事業連合が所有し、職員に安い家賃で提供している単身者アパートでした。入口のドアを開けると、左側にうまく靴を入れることのできる靴箱があり、五六歩ほどの廊下を進むと、その先に三坪ほどの部屋がありました。廊下の左側にはトイレ兼浴室（日本の普通の家ではトイレと浴室は分離されている）で、右側には洗濯機、その隣に小さな流しがあり、電子レンジが

首都圏コープにて（2000年4月）

置かれていました。部屋には押入れが付いていて、戸は四つに分かれていて一方に寄せると、狭い部屋でも広がるように設計されていました。ガラス窓を開けると洗濯物が干せるベランダがあって、ひとりで暮らすのにはとても便利な家（部屋）でした。

　ここに単位生協の組合員が寄贈してくれた家財道具の冷蔵庫、洗濯機、掃除機はもちろん、電気釜、トースター、食卓用ヒーター、鍋、茶碗、皿、コーヒーカップ、コップ、箸やスプーンなど……ないものはないほどみんな揃えてありました。あまりたくさんなので、ほかのひとに分けてやらねばならないほどでした。そればかりではありません。この部屋を整えることを担当した連合会の職員は、流しにはゴム手袋を、風呂場にはスリッパ、石鹸、生理用品にまで細心の神経を使ってくださいました。このように心遣いをして下さった方々に、改めて感謝の念を捧げます。これらの品々のうちで、最も印象に残った電気釜の話を抜かすわけにはいきません。その電気釜は最新式の電気釜兼用おひつではなく、釜の機能だけを備えている昔の製品で、釜の中に手紙が入っていました。

「お顔を知らない韓国の方に。こんにちは。日本にこられたことを歓迎いたします。この釜は私がフランスに留学したときに使った旧式の釜です。けれどもとてもよく炊けます。一人で生活したときの思い出がこもっている釜なのです。大切に使っていただければうれしく思います。それでは意義ある外国生活となりますように……」

なんとも表現できない女性同士の連帯意識のようなものを強く感じました。たぶん留学したり、会社の仕事で外国に引っ越ししたりしなければ、このような経験には絶対に遇えないでしょう。誰も知らない顔ばかりの異国ではないと、生協の仲間がわたしを待っていてくれたのでした。

研修をしながら感じた日本

日本は年度末が一二月ではなく三月です。四月六日は初出勤日なので、たまたま採用された新入職員のオリエンテーションに参加しました。服装とヘアスタイルについての注意、挨拶の仕方・電話の応待などを実際に反復して研修する時間もあって、家庭や学校でそれなりに教育を受けたのでしょうが、大卒の職員をこのように基礎的なことまで教育するのを見せてもらいました。こうまでしなければならないのかと思いましたが、このように研修しておけば失敗はしないということなのでしょう。ともあれ、わたしには電話応待の研修が役に立ちました。日本では電話を受けると自分の所属を明らかにし、「いつもお世話になっています」と、自分が知っていてお世話になっている人でも、全く知らない人で初めて電話する人にでも、条件反射的にそう言うこと、そして自分が属する組織の目上の者には敬語を使わないことを知りました。

一緒に研修した若い人たちの顔が今も目に浮かびます。日本の若者は軍隊に行かないので、満二二歳前後で社会人になります。まだ学生気分が抜けきれない若者が、ネクタイを締めて大人（?）みたいに座っている姿が、まるで高校生が何かの行事のときに身支度したみたいに可愛く思われ、つい韓国の若者と比べたくなりました。韓国では新入社員といえども軍隊暮らしを経験しているので、かなり貫禄のある顔をしているじゃないですか。ふと両国の若者の顔がかすめて、分断と南北対立の韓国現代史が思い浮かびました。男子を生むと軍隊に送らねばならず、その軍隊では入隊の順序どおりに序列と命令服従の閉鎖された空間で気合を入れられ、二八か月を過ごさねばならない韓国の若者と、義務的に服務することを全く知らない日本の若者が交流をしようとすれば、やはりお互いの歴史を知らなければ話は通じないのではないかと思いました。

いま韓国でも日本でも、お互いを誹謗し相手の弱点をあばき、自国の優越性を強調する本がよく売れているなかで、歴史を正しく見つめ真の友人になろうと努力する人たちも少なくないことを、首都圏コープ事業連合の大勢の役員や職員の方々と話を交わして知りました。その方たちの韓国に対する歴史認識は、一般の日本人とはかなり違っています。中国大陸から韓国を経て自分たちの文化が形成されたことを認め、言葉も遠い昔には一つだったのかもしれないという方もいました。帝国主義を唱え多くの国を侵略し、アジアの諸国民を苦しめたことに対して、自分の世代がしたことではないが、謝罪しなければならないという人もいました。こうした人たちは韓国の報道にいつも出てくる話とは大いに違うもので、やはり生協の関係者だなと感じました。歴史に対する認識だけではなく、思考方式や社会を見る視角も、韓国の市民運動をする人たちととても似ていて、あたかも以前からの知り合いのような親密さを感じました。社会を変えようとしている人たちは、お互いに歴史、慣習、文化、置かれている環境が異なっても通じるものがあって、それがネットワークの基盤になるのだと思いました。

厳しさと楽しさの研修生活

日本には「五月病」という言葉があります。年度の初めが四月一日で、ちょうど一か月ぐらい過ぎると学生も会社員も、自分の立場をいろいろと考えるようになり、その結果、五月頃には病気になるというのです。わたしも超緊張状態でしたが、一か月ほど経つと緊張がとけて日本での生活にある程度慣れて、重症（?）の五月病になりました。日本語で日常的な意思を伝えるくらいは可能でしたが、心の中をさらけ出して思い切り語ることができないので、いつもじれったい思いをしました。まわりに韓国人は一人もいませんし、日本語は上手でないので、いつも聞いてばかりで静かに本を読むだけという毎日に、おのずとストレスが溜まりました。自分の国なら知っていて何でもない内容を、不便な日本語で毎日手探りで話さなければならないのですから。

こうした話が伝わったせいか、次の研修生からは必ず二名ずつ組でくるようになりました。わたしが行ったときも実際は二～三名を選ぼうとしたのですが、適当な該当者が見当らず結局一人になってしまったのです。やはり言葉が通じる者がいないというのは、思ったよりも大変なものでした。

大変なことは多かったのですが、楽しいこともたくさんありました。気分転換をするため箱根に遊覧にも行きましたし、希望者による高尾山登山もしました。外出によい季節だったので、川のほとりでの野遊会にも出かけ、アジサイが盛りの鎌倉見物もし、遠く西沢渓谷にも招待されて行きました。この場をお借りして温かい心で迎えて下さった方々に、改めて感謝の気持ちをお伝えしたいと思います。このうち最も忘れられないのは「コープやまなし」が、富士五湖の観光に招待してくださったときです。土曜日の午後、勤務が終わった時間に、コープやまなし甲府センターに到着したとき、わたしはとてもびっくりしました。玄関の前に大きく「歓迎、イ・ヘラさん」と書いてあるじゃないですか。職員が退勤した事務室で、わたしと一緒に湖水の観光に出かける理事と専務が簡単に説明してくださるものと予想していたのですが、意外にも総務部長、総務課長、センター長など大勢の職員の方々が、わたし一人のために待ち構えているという事実に驚いてしまいました。

そして「イ・ヘラという存在が、このように盛大な歓迎を受ける資格があるのか？」という疑問を振り払うことができませんでした。たんに平凡な市民の一人であり、健全な意識を持って暮らしていこうとしているだけのわたしが、このような歓迎を受けるとは……。生まれて初めてのことに並の恐縮ではありませんでした。身の置き場のないわたしに、市川専務さんがこう言われました。

「イ・ヘラさん、私はコープやまなしの職員に私たちの生協を訪問する方は、誰であれ全く同じように誠心誠意で応対するようにと教えています。その人が社長であれ、平社員であれ、大統領であれ、末端の公務員であれ、同じように応対しなさいと言っています。生協でだけでも、ひとであれば誰でも全く同じように尊敬されてお互いに尊重し合う風土を作らねばならないのではないですか」

わたしはひどく感動し、まったく同感でした。日本で出会った役員の方々は、たいてい五〇代後半なので、わたしにとっては人生の先輩に当たるわけで、人生の年輪を重ねた人だけが教えることのできる多くのことを学ばせていただきました。

次に、日本の商品包装について書いてみましょう。進物用菓子を例にとると、一口ほどの大きさの菓子を紙に包み、それを装飾デザインされた紐で結び、一つひとつ穴のあるプラスティックケースに入れて、それをスチールか紙の箱に収め、その箱をふたたび紙で包装し、紙のバッグに入れてくれます。もちろんうっとりとするほど見栄えはいいのです。食べなくてもお腹がくちくなり、あたかも食べたような気分になるのですが、結局はゴミとして捨ててしまうのですから、資源の浪費になってしまいます。

また日本では、集会や会議のときに注文弁当を食べる場合が多いのですが、その一回用品の使用量の多さが気になります。弁当は可能なかぎり一回用品ではない容器に代えるなど、資源を節約する方法がありますが、進物包装については人によって意見の違いがあるようです。

私自身ゴミのことを心配しながらも、きれいに包装された日本の商品の贈り物をもらうとうれしくなったりします。そして民友会創成期にあったことが思い出されます。女性民友学校講座の修了生にボールペンを記念品とすることにしたのですが、準備段階であくまでも記念品なのだから包装してあげようという意見と、結局はゴミを増やすばかりなのだから、環境問題を考えてそのまま渡そうという意見が対立しました。ひとは思いどおりにはいかないものだ、という意見が優勢になり包装してあげたと記憶していますが、その基準をどこに置くかでいつも悩むことになります。環境にやさしい暮らしを考えれば、中身だけを渡せばいいのですが、ひとの気持ちを考えれば、真心が感じられるように包装をしてあげたくなるのです。もちろん、わたしなりの基準を定めてはいますが、その基準が相手に意図したとおりに伝わるかどうかは別の問題でしょう。

韓日の悲しい歴史を全身で感じながら

わたしは、外国で暮らすすべての者は、自国の文化使節なのだという考えで、日本に行くときに韓服を持って行き、単位生協や事業連合の総会、文化的行事、結婚式などには、花柄のチマに黄色のチョゴリを着て参加しました。韓服は色と線が鮮やかで美しいので、どこでも歓迎されました。地下鉄や電車の中で知らない人に「これがチマチョゴリですか?」と声をかけられたり、いちど着てみたいと言われたりしました。わたしも自分の姿が美しく見えることを誇りに思いました。ところが不思議なのは、このように少し興奮した状態で自己陶酔しながらも、意識の一方では、誰かが「このチョーセンジン、どうして韓服を着て歩きまわるのか」と叱責されているような錯覚にとらわれるのです。なぜこのような錯覚をするのか理解できないのですが、そんな錯覚を何度かしたのは事実なのです。よくよく考えてみた結果はこうです。

一つの例をとれば、関東大震災のときに罪もなく死んでいった朝鮮人とわたしは同じ民族なので、昔の植民地時代の残酷な歴史を絶えず意識しています。日本は侵略したのだから過ちを犯したのであり、韓国は過ちがないばかりか、今この時点で誤りをただすというのではなく、韓国人は幼いときから歴史教育を受けて育っています。一方、日本人は豊かな経済大国で歴史教育を受けずに育っています。両者の間には、ある種の感情の壁が知らない間に生じているのではないかと思われるのです。最初に日本にきたときに、わたしが幼い頃に暮らしたソウルの萬里洞ととても似ているので、植民地の歴史が思い出されたと書きましたが、日本人にはこのような感情はよく理解できないでしょう。

日本人は外国に行って和服を着て歩いても、ほとんどわたしのように被害者意識を感じることはないでしょう。しかし、韓国で和服だったら、わたしみたいに恐ろしさを感じるかもしれません。わたしがこうした話を長々とするのは、微妙な感情が潜んでいるからではなく、すっかり心を打ち明けることが真の交流だと思っているからです。

わたしは浴衣を着て記念写真を写したことがありますが、それがとても似合って当惑しました。外国の民族衣装はよく似合えば面白くて興が募るものですが、そうではなくて、あたかも両親の仇の息子を愛した悲恋のヒロインになったような奇妙な感じにとらわれたのです。愛してはならない人を愛したような、越えてはならない線を越えたような、着てはならない衣装を身に付けたような、言葉では表現するのが難しい気分でした。たんに民族衣装にすぎない浴衣ひとつを着るのに、なんでこんなに難しく考えるのかと言う方がいるかもしれませんが、日本に行って暮らすまでは一度も考えもしなかったのに、自分でも知らぬ間にそんな考えをするようになったという事実をお知らせするのも大切だと思って書いてみました。

この感じはイ・ヘラという個人の固有のものですが、あるいは韓国人に共通する感情なのかもしれません。韓国人が日本という国を見るときは、たんによその国、外国の一つと見るのではなく、三六年間支配を受けた、そして拒絶しなければならない対象として認識する傾向があるということを、私自身の経験によって理解したのです。けれどもわたしの知り合いの日本の方々は、韓国のわたしの友人たちよりも、さらに心の通じる真の同僚たちです。市民と市民の交流が本当に必要なのです。ですから漠然とした認識を捨て、お互いに友人として付き合っていけば、誤った歴史がとりついた足枷も外すことができるでしょう。

なぜ交流するのか

これまで日本語会話が十分でなくて大変だったと書いてきましたが、それ以外にも困難なことはたくさんありました。なぜそのように閉ざされているような感じになったのか、東京はソウルより面積が広くて、誰もわたしをああしろこうしろと指図したわけではないのに、なぜか監獄に閉じ込められたような気分になりました。懲役や軍隊生活をした先輩たちが、毎日のことをカレンダーに記録したという話が思い出されるほど憂鬱な日、ふと首都圏コープ事業連合は、なぜ研修生を受け入れたのだろうかと考えてみました。旅立つ前にも研修条件（アパートを提供し、月の生活費として一〇万円を支給する）を聞いて「いったい彼らはその金を費やして、お前を連れて行きなにをしようとするのか」と尋ねる人もいたくらいなのです。それで決心をしてある役員に尋ねてみました。その答えはこうでした。

「イ・ヘラさん、これまで国対国の交流は民衆ではなく高いレベルの、例えば財閥や政治家など力を持った人たちが主導してきました。こうした交流は自分たちの利益のためのもので、本当の人間対人間の交流となることはできません。今は時代が代わって普通の市民が主役にならねばならないときなのです。もうひとつ付け加えれば、生協は多様な考えのひとたちを抱えているので、日本の経験だけでは不足なのです。以前は日本の生協はヨーロッパやアメリカの方を向いていましたが、今は東アジアの諸国に関心を向けているので、最も近い隣国とともに東アジアで責任ある役割を果たそうと決心したからなのです」

生協運動の原則に忠実な回答を聞いて「そうだ、真の交流のために一市民として成しうることを能力の限り熱心にしよう」と、ふたたび力が沸いてきました。生協運動は本当に魅力的なものです。自覚した市民が力を集めれば、なにごとも成しうるのが生協運動なのですから。

交流を深めるための今後の課題

最後にこの素晴らしい生協での韓国と日本の交流をさらに

深めていくために、今後の交流の方向について書いてみたいと思います。韓国の生協と日本の生協は、歴史や規模の面では日本が先行しています。そのために主に韓国から日本に研修生がやってきて日本語を学び、そして意思疎通をしています。まだ日本の生協側には韓国語を通訳できるほどの人はいないようです。言葉というものは文化の全般を反映したものです。だから日本語を使っていれば、どうしても日本風に思考し、日本式に事物を観察するようになります。またどんなに言葉が上手であっても、外国語なので限界があるのは当然です。

両国の交流を日本語だけで進めようとすれば、お互いの立場を充分に知ることはできません。一方は母国語で気軽に自分が言いたいことのすべてを表現するのに、もう一方はいつも外国語で戦々恐々とする意思疎通は、生協的な交流方式ではないという思いを、日本語で話すたびに感じてきました。お互いに英語で話してみたら、相手側の立場をもっと理解できるのではないでしょうか。ですから今後は、日本からも韓国に研修生がやってきて韓国語を学び、そして韓国文化になじんでいくようにすべきです。すでに交流を開始してから一〇年が過ぎ、長期研修生の派遣をするようになってからでも六年になるのですから、もう次の段階に進むべきだと思います。

もうひとつは、組合員の立場で考えて実際に一般組合員同士がしばしば会うことができるように努力すべきだということです。それでこそ本当の市民レベルの交流といえるでしょう。生協も次第に大きくなって、ときには官僚化したような感じがすることもあります。役員、職員、理事を越えて一般組合員が顔を合わせることができるようなプログラムを作成し、それが実現できる機会を作らねばなりません。

社会生活をしている仲間が会えば、なぜか親密感が増すように感じられます。きっと同時代を生きているので、それだけ共有の幅が広いからではないかと思うのですが、まして同じ考えに立って、さらに良い社会を作るために努力している、生協の仲間が会ったときの親密感は言うまでもないでしょう。生協運動の原則を中心にすえ、各国の固定観念や歴史の障壁を乗り越えて、新たな歴史を私たちの手で描いていきましょう。

〔舘野晳訳〕

異文化を学ぶ

慶熙女子高等学校との交流

松村順子

交流は色と踊りにのって

「ケンゲンケッケ　ケンゲンケッケ　ケンゲンケンゲン……」にぎやかなケンガリの響きに促されて赤、黄色、青の襷が揺れてチャンゴの登場。縦に横に斜めにソルチャンゴが一気に会場を熱くする。続くはプクの演奏。一〇台のプクの前で色鮮やかなチマチョゴリが右に左に揺れながら太鼓とチェの饗宴。会場を埋めた二〇〇人を越える観客は、すでにこの段階で、その音と衣装と演奏者の緊張した態度に十分の驚きと賛辞を送っていた。しかし今日のメインはこれからなのだ。いよいよその時がきた。

　慶熙女子高等学校舞踊部による「僧舞《スンム》」。修行の厳しさ、迷い、清浄な宗教心を表現する純白の僧衣と舞い。その抑制された動きの一つひとつ、流れる時間。心の葛藤を表現するプクの演奏。これは会場に集まったすべての人が初めてみる「韓国」だったのではないだろうか。続いて舞踊部の先生である文仁淑先生による「花冠舞《ファクァンム》」。伝統的な宮廷舞踊は頭飾りから衣装、音楽、動きまで韓国固有の文化が雅《みやび》やかに表現される。会場は一点に集中した。最後は「神を呼ぶ声」という創作舞踊。真っ赤な帽子を被り右手に扇、左手に鈴を操りながら人間の正邪の心と神を求める心を表現した舞いは、激しく凛々しく韓国舞踊の多彩さを遺憾なく発揮する。

　会場は横浜の鶴見区にある橘女子高等学校のホール。今年の二月二六日、三回目を迎えた日韓文化交流会の模様である。チャンゴとプクの演奏は橘女子高等学校で「異文化を学ぶ」という選択授業をとっている高二の生徒八人、高三の生徒一四人によるものであった。その一四人は去年の一〇月、ソウルで舞踊部の皆さんのお宅にホームステイさせていただき、交流を深めてきたところであった。そして今回は、彼女たちがホストファミリー。緊張と感動の舞台が跳ねた彼女たちの行く先は……不問。

「異文化を学ぶ」という授業

この授業は社会科の選択授業で、高二、高三各二時間（二単位）おかれていて、高二ではチャンゴ、高三ではプクという韓国・朝鮮の伝統楽器を学苑祭や音楽祭などで発表できるよう練習を重ねる。授業風景はまるで音楽か体育のように、太鼓を打ち鳴らし、ホールを駆け回る。先生は二〇代までソウルでプロ活動をなさっていた舞踊家の崔裕喜先生だが、日頃、生ぬるい私たちの授業になれきった生徒たちには、彼女の気合いが入った、それでいて初めての楽器を習得しやすいように組み立てた指導は新鮮で楽しいらしく、休憩時間はほとんどとらない。そして授業は「ソンセンニム　スゴハショスムニダ」と挨拶して終わる。

こうした授業がなぜ社会科なのか、またどうしてこのような授業が実現したのかについては、橘女子高等学校の伝統や教育内容、教職員の理解など多くの要素が絡んでくるが、ここでは「異文化を学ぶ」という選択授業、特に高三のフィールドワーク選択群に入っているそれについて述べたい。

このフィールドワーク選択という授業は、四年前（一九九七年）、それまであった全員参加の学習旅行（学習地を京都、奈良に限定）をやめ、現地学習が必要な講座が必要な場所に研修旅行をするようになったもので、他にサンフランシスコに行く「トラベルイングリッシュ」や沖縄に行く「戦争と平和」など一二講座からなっている。「異文化を学ぶ」の学習地は当然韓国である。時期は一〇月の第一週が当てられている。

チマチョゴリが着たい

—プク（太鼓）の演奏と韓国研修旅行を通して—

最近、さまざまな分野で「国際化」が唱えられていますが、日本は、古代から現代まで外国の先進文化をたえず受容し吸収してきた歴史をもっています。とりわけ隣国の韓国・朝鮮とは鎖国体制を取ってきた江戸時代ですら、尊敬し合う交流をもち続けてきました。なかでも学者、医学者、画家たちによる文化的な交流は両国に大きな影響を与えあい、日本の民衆も朝鮮の使節団（通信使）を好意を持って歓迎してきました。

しかし、明治以降の日本の侵略政策とその歴史は、私たちに正しく異文化を認識することを妨げてきました。その結果、日本に一番近く、その交流の歴史も一番古い隣国、韓国・朝鮮の文化に触れる機会は殆ど無いというのが現状です。

そこでこの授業では、その文化に直接触れることによって、改めて日本と世界の在り方を考えていきます。

学習内容

プクの演奏　　指導は崔裕喜先生

朝鮮の歴史

韓国研修旅行

これは選択授業のガイドに載せているものであるが、実際は「私が『異文化を学ぶ』を選択した理由は、中学生の時から憧れていたチマチョゴリを着たいというのと、韓国へ行きたいというのが本音でもあります。でも、選択授業のガイドに書いてある『江戸時代ですら尊敬し合う交流をもち続けてきました』という所を読んだら、とても朝鮮の歴史に興味を持ち始めたのも本音です」というSさんや、「この学校に初めて学校説明会で訪れた時、すごいカッコイー！　私もぜったいやってみたい！」と思ったMさん、「音楽祭で見て、カッコイイ！　と思い、それに他の国の文化に触れられるチャンスだと思った」Kさんに代表されるように、学校説明会や音楽祭で発表された演奏を見て、この選択授業を取っている生徒が大半を占めている。彼女たちにとっては歴史や言語の学習より色鮮やかなチマチョゴリ、それも生徒と教師が学苑祭用に安いサテンで形だけ真似て作ったものの方がよほど魅力があるようだ。因みに去年、受講者が増えたこともあって、初めてサムルノリの衣装を購入した。本当は、最近いろいろな所から出演依頼があって、そろそろ本物のチマチョゴリが欲しいなと思い、ソウルの店に入ったのだが高い。それでも崔先生と私は韓国の伝統的な色遣いに満足して持ち帰ったのに生徒の反応は「嫌だ」の一言。

七年前（一九九四年）、このフィールドワーク選択前史となる同じ名前の「異文化を学ぶ」という講座が開講した。授業内容は現地学習がないだけで今とほとんど変わらないものであったが、生徒は八人。興味があって受講したものの、人前でチャンゴ（プクはまだなかった）を叩くのも恥ずかしいし、チマチョゴリを着るのも恥ずかしい。それを見ている生徒も教師も戸惑いを隠せない。本校に初めて「韓国文化」が登場した年であった。たった八人の生徒に教師が二人（チャンゴの指導は崔先生、歴史は松村）付くという授業を、必要なものとして開講してくれた学校や教師仲間たちを私は今でも誇りに思っているが、とりわけ嬉しかったことは、その八人の生徒の中から大学の史学科に進み、韓国近代史を卒論に選んだ生徒が生まれたことである。

慶煕女子高等学校舞踊部との交流

前述のフィールドワーク選択前史となった「異文化を学ぶ」は、選択「世界史」が発展したものであり、当初より韓国研修旅行を早期に実現したいという思いがあったが、出発時に二つの大きな課題があった。一つは現地での交流校探し、一つは楽器の調達。当時、日本でチャンゴを普通に買おうとすると一台八万円ぐらいすると聞いていた。後に教材を扱う業者から一万五〇〇〇円ぐらいで手に入ることを教えられたが、当時は全く分からず、途方にくれて尋ねたのが新宿にあ

慶熙女子高校にて。前列2列が日本からの参加者（1998年10月）

る韓国教育院だった。私は、何とかもっと安い値段で手に入る方法はないかと伺いに行ったのだが、何とそこにあるチャンゴを無料で貸して下さるということになった。新宿から横浜まで、あの大きなチャンゴと夢と感謝を車に乗せて帰ってきた日のことは今でも忘れられない。

もう一つの交流相手校探しの件も、また韓国教育院にお世話になることになる。今度は横浜にある韓国教育院の院長さんがソウルにある慶熙大学付属慶熙女子高等学校の舞踊部を紹介して下さった。これは何より嬉しいことであった。なぜならこの授業は本物の文化に触れることを目指していたからだ。自ら本物に触れ、真剣に取り組み、高い水準のものを見るそのことによって生まれる尊敬の念が真の交流、少々大げさにいえば国際理解に不可欠な要素だと考えてきたからだ。私たちにとって、さらに幸せだったことは、その第一回韓国研修旅行で私たちを迎えて下さった校長先生が日本語を流暢に話される方であり、舞踊部の顧問の先生が芸には厳しく、生徒の世話には大変面倒見の良い先生であったことである。この先生のはからいによってその年に本校はプㇰを一〇台購入することができ、高二でチャンゴ、高三でプㇰという体制が出来上がった。

校長先生はその後、毎年のように変わられたが二回目の訪問からホームステイ（二泊）が実現し、慶熙女子高等学校舞踊部の生徒も一年おきに本校で公演交流をし、本校の生徒の家でホームステイをするようになる。

＊韓国研修旅行日程　十月第一週　四泊五日
一日目　ソウル着後、明洞を散策夕食
二日目　民俗村、統一展望台見学、夕食後コリアハウスで芸能観賞
三日目　景福宮見学　午後交流会、会食後ホームステイ先へ
四日目　各自、舞踊部の生徒と観光など
五日目　朝、空港へ集合、帰国

＊生徒のレポートより

統一展望台見学

統一展望台は韓国に来る前から、かなり気になる所でした。行くことができてとても嬉しかった。（略）望遠鏡で、私もその時は何も感じずに見ていたけれど、北朝鮮の人を覗いているって何か良い気はしない。北朝鮮が良いことをしているとは思わないけれど、情報が入ってこないから本当のことは良く分からない。飢餓の人とかたくさんいるっていうのはよくニュースとかで聞く。何時だったかニュースでアメリカなんかが核兵器を持っている限りは救援物資は送らないとか何とか言っていた気がする。そういうのを決めるのが偉い人ばかりでなんだかなあと良く思います。韓国には徴兵制度があるって言ってたけれど私は知らなかった。無知だなあと思う。ジンが、彼が徴兵でいなくなると寂しいと言っていた。切ないし、早く皆が幸せな日が来れば良いのに。（S・E）

景福宮見学

閔妃の殺害現場を見た。もっと建物の中に入った大きなものかと思ったが、屋根が付いている所という感じで、全然実感が湧かなかった。でも本当にあそこで人が殺されたと思うと、何だか胸が詰まる思いがする。しかも殺した人は日本人。何とも情けない。日本人は歴史の中で韓国、中国を筆頭にアジアの人達をいともお粗末に殺していると思う。（略）

しかし、私もこの地を訪れるまで閔妃と言う人がいたということすら知らなかった。他国の歴史を学ぶことは、時には大変なこともあるかと思うが、その国を日本人として訪れた時に、その国の歴史、日本との関わりを知って行くのがマナーだと思う。特に韓国にはひどいことをしてきた。最近、日本では韓国ブームだが、きちんと学んでいく義務があると思う。（S・E）

ホームステイ

ホームステイは、行く前からすごい不安でいっぱいだった。何も分からない言葉で三日間を過ごさなければならないということに、興味と期待と何とも言い様のない気持ちでいっぱいだった。（略）チョンウオンがさや香と私のことをお母さんに紹介すると、お母さんは特上の笑顔を向けてくれた。韓国語で何かを言っていたけれど何を言っているのか分からない。だけれどその場の雰囲気で感じをつかみ取れた。笑うし

か無いという感じだった気もするが、それでいいと思った。
お父さんとも「よろしくお願いします」の心を込めて挨拶をした。お父さんもすごくいい笑顔だった。今までの不安な気持ちがどこかに飛んだようだった。（略）
お母さんが「お母さんにテレフォン」と言ってきたので家に電話をした。母に「チョンウオンのお母さんが話したいっていっている」と言うと「日本語、大丈夫なの？」と聞いてきた。大丈夫なはずないと思った。すごくうちの母もびっくりしたらしい。でもやっぱり「よろしく」と言っているように捉えられたみたいだった。（略）
その夜、チョンウオンと三人でたくさん話をした。将来、何になりたいかとか、何歳から舞踊を始めたのかとか、いろいろ聞いた。チョンウオンは将来、舞踊の先生になりたいと言っていた。何時からそう思うようになったのかと聞いたら、高一と答えていた。自分のやりたいこととか、やり遂げたいことがあると、すごく輝いて見えるって言うけれど、チョンウオンもその一人だと思った。（略）さや香も私もかなり眠かったけれど、どうしても色紙を書きたくて、眠い目をこすりながら色紙の製作に入った。どういう言葉が良いのかを本で調べてハングルで書いた。たったそれだけの作業だったけれど、凄く力が入っていたと思う。（Y・S）

二一世紀は若者たちのもの、そのために

八人から出発したこの選択授業は、今年、高二が一七名、高三が二一名と学校が持っている楽器では間に合わない受講者の数になっている。本当はもっと多くの生徒が希望していたのだが、これが楽器を調達できる最大限の数字であったためこの人数に落ち着いたのであった。

このように受講者が毎年確実に増えている事には、第一に本校での伝統化がある。七年で伝統化？　と思われるかもしれないが、本校に入学する生徒は、学校説明会から本校の特色ある授業の紹介ということで、このチマチョゴリ音楽隊（？）に目を見張り、一種のカルチャーショックを受けて入学し、その後、行事ごとにこの音楽隊の技術向上を見てきているからである。つまり、これは本校においてこの授業が大切なものであり、異文化を尊重する精神は、本校の教育目標である「自律的人間の育成」に合致したものという認識が、教師にも生徒にも根付いているということ。

第二に、レベルの高い文化を観る、体験することによって、異文化に対する尊敬と共有意識を育てることができたこと。これについては慶熙女子高等学校舞踊部の生徒との交流は極めて意義の深いものがある。特に、ここではあまり触れることができなかった彼女たちの日本での交流公演（一年おきに本校で実施）は、いつも新しい感動を本校の生徒に残してく

れている。

このように七年前には想像すらできなかった広がりを持つ授業になってきたが、そこにはいくつかの課題が残されている。一つは、一週各二時間の授業の中で、ハングルや歴史の学習をいれることがなかなか難しいということである。演奏の楽しさを味わうには一定程度の技術に達しなければならない。そのためにいつも歴史的学習が中途半端で終わってしまっていることである。日・韓・朝の関係史から世界を見るという目標を達成するためには、生徒が自宅で学習できる教材探しと私の教材作りが大きな課題であることはいうまでもない。後は自分で勉強してと逃げてはいけない。もちろん、あれもこれもできないんだと、楽器の演奏に絞った原点を大切にしながら。

もう一つは、ホームステイの問題である。ホテルよりホームステイの方が断然良いのはレポートを見るまでもないことだが、何しろ毎年のことであるだけに受け入れ校に負担があってはいけない。また、若い子供たちのことであるから、生活上のさまざまな問題もでてくる。ともすれば民族性の違いという所に持って行きがちだが、多くは国境を越えて現代社会に生きる子供たちが共通に抱える問題である。それらの問題について教師相互の率直な意見の交換と信頼関係が必要になってくる。そして、そのことと関連して韓国研修旅行の引率教師の問題もある。観光旅行と違って、交流（本校の生徒も慶熙女子高校でプㇰを演奏する）やそれに続くホームステイを含めた旅行となると、どうしても韓国語を話せる教師が必要になってくる。この点で引率者、授業担当者が固定してしまいがちである。

しかし、これらの問題は生徒たちが生き生きと交流を重ねている前では、それほど大きな問題ではない。日本と韓国という国家単位の視点から見れば、ここに紹介した実践や生徒の数は本当にささやかなものとも思われるが、私はこの選択授業受講者から前述した韓国近代史を学ぶNさんや、卒業後も舞踊部の生徒と交流を続け、一人韓国へ遊びに行っているOさん、外国語大学で韓国語を専攻する今年卒業したOさんのような生徒が生まれたことに、それにもましてほとんどの生徒、全員といっても過言ではない生徒が、卒業後もチャンゴやプㇰをまた演奏したいと思っている、現にOG会の動きがあることに大きな期待を寄せている。

とまれ、今や時を同じくして、日本では韓国ブームとやら。その「お陰」に預かっている面があるのかもしれない。そうであればあるほど、私たちはこの出会いのチャンスを生かし、二一世紀を担う若者たちを育てなければと思うのである。

韓国民衆美術運動の一五年（下）

町田春子

一　人々とのつながりを求めて

八〇年代韓国。人々の民主化を求めるたたかいが最高潮に達した時代。それは民衆美術運動の最盛期でもあった。六〇年代末、韓国現代美術が抱える矛盾の克服を目指して胎動を始めた民衆美術運動は、初期の頃、どちらかといえば観念的な色合いの濃い運動であった。それがより直接的な形で現実社会にコミットしていくことになったのは、八〇年の光州《クワンジュ》事件以降であった。

前号でも触れたが、光州事件で洪性潭《ホンソンダム》を始めとする美術家たちは、ポスターやプラカードを制作し、街頭でデモの参加者たちに配布した。この時の、「あるイメージを伝達するための媒体を制作し、実際の現場で大勢の目に触れるように宣伝する」という体験はその後の民衆美術運動の原型になった。民衆美術家たちは以降、表現形式の種類や宣伝の方法に工夫を加え、より効果的に美術が社会参加する方法を模索したのである。

①　民衆美術の表現形式が持つ意味——版画を中心に

美術と聞いて一般的に思いつくジャンルには絵画、彫刻、写真、版画などがある。しかし、民衆美術はこれらのジャンルのほかにも実に多様な表現形式を採用した。例えば、壁画、漫画、ポスター、カレンダー、絵葉書、キッパルクリム（デモや集会で使う大きな旗に描いた絵）、コルゲクリム（超大型の布や板に描いた絵。建物の壁面に垂らしたり、集会場のステージの上に設置したりする）等々、気を付けなければ「美術」として認識せずに見過ごしてしまいそうなジャンルまでどんどん取り込んでいったのである。このことは何を意味するのだろうか？

「気を付けなければ見過ごしてしまいそう」な表現形式は、しかしよく考えてみると私たちの身近に存在する媒体を使ったものばかりである。「美術」とは私たちの現実の世界とは異なる高尚なものだ、という無意識の思い込みがこれらのジャンルを美術と認識することを妨げていたのではないだろうか？「美術」の特権性というオーラをはがし、より身近なものへと近づけるという民衆美術の理念は、媒体選択の面においても如実に表れているのである。

たとえば、コルゲクリムやキッパルクリムやポスターなどは一度に大勢の人々にメッセージを伝えることができるという点で共通するが、このような特徴は、デモの現場や、集会で発揮された。また、版画や絵葉書などは安価に大量複製できることが特徴的だ。大量複製されたものは、無料で配布されたり、あるいは労働現場の支援金を作るために安く販売されたりもした。また漫画やカレンダーなども多く制作されたジャンルだが、漫画は親しみやすく、メッセージを文章と共に明確に伝達しやすいという特徴を持っているし、カレンダーも長期間、繰り返し見てもらえるという特徴がある。

このように多様な表現形式がみなおされ、「民衆美術様式」とでも呼ぶべき特徴的な作品が多数制作されるなかでとりわけ注目されたのは木版画の形式であった。

木版画が注目された理由は当時の評論家たちがしばしば言及している。たとえば崔烈《チェヨル》は、版画は複製されることによって最大限に流通され、多数の人々とコミュニケーションを図ることのできる可能性があるということからメディアとしての特徴を持っていると述べた。版画のメディア的特質に注目しているという面では、ナ・ウォンシクも同様だ。ナ・ウォンシクは広告や官制宣伝のような最新技術が必要な大量複製手段の代案としての版画に注目し、庶民大衆のための表現媒体として活用する重要性を説いた。また、イ・テホは朝鮮時代の『三綱行実図』などの例を挙げながら木版画は韓国において根強い伝統を持っているとして、現代にも親しみを持って生かすことができると述べた。

このような版画の様々な利点を生かしながら活動した代表的な作家には呉潤《オユン》、洪性潭、李喆守《イチョルス》、洪善雄《ホンソヌン》、金鳳駿《キムボンジュン》らがいる。特に呉潤は、木版画のみならず民衆美術界の象徴的人物として初期から活躍した人物である。彼は朝鮮時代の宮中画家であった金弘道《キムホンド》の風俗画に影響を受けたと自ら語っているとおり、その作品は人々の姿を生き生きと描いたものが中心だ。彼はまた、消費社会や支配階級に対する非難を諷刺的に描いたりもしているが、啓蒙的であったり、戦闘的な印象を持つものではなく、具体的でユーモアがあることから人々に親しまれた。呉潤は李喆守などの後輩の美術家達にも大きな影響を与えていたが、八六年七月に持病の悪化によって四〇歳の若さでこの世を去った。

洪性潭は前号でも多少触れたが、光州事件の体験を表現した「光州民衆抗戦連作版画」を制作したり、市民美術学校を開設するなど人々の間で積極的な活動をした。彼の八〇年代の版画は白黒の陽刻（浮き彫り）の木版画で、「民衆の力」を強烈なイメージで伝達するのに適していたといえる。彼は八九年にはコルゲクリム「民族解放運動史」のスライドを平壌《ピョンヤン》に送ったことが原因で拘束される一方、九一年にはアムネスティによって「世界の苦難を受ける良心囚三人」に選ばれた。洪性潭はこのような経歴から「民主化の闘士」としてのイメージが定着し日本でも数回紹介されたが、近年は作風も柔らかく変化し、版画以外の制作も活発に行っている。

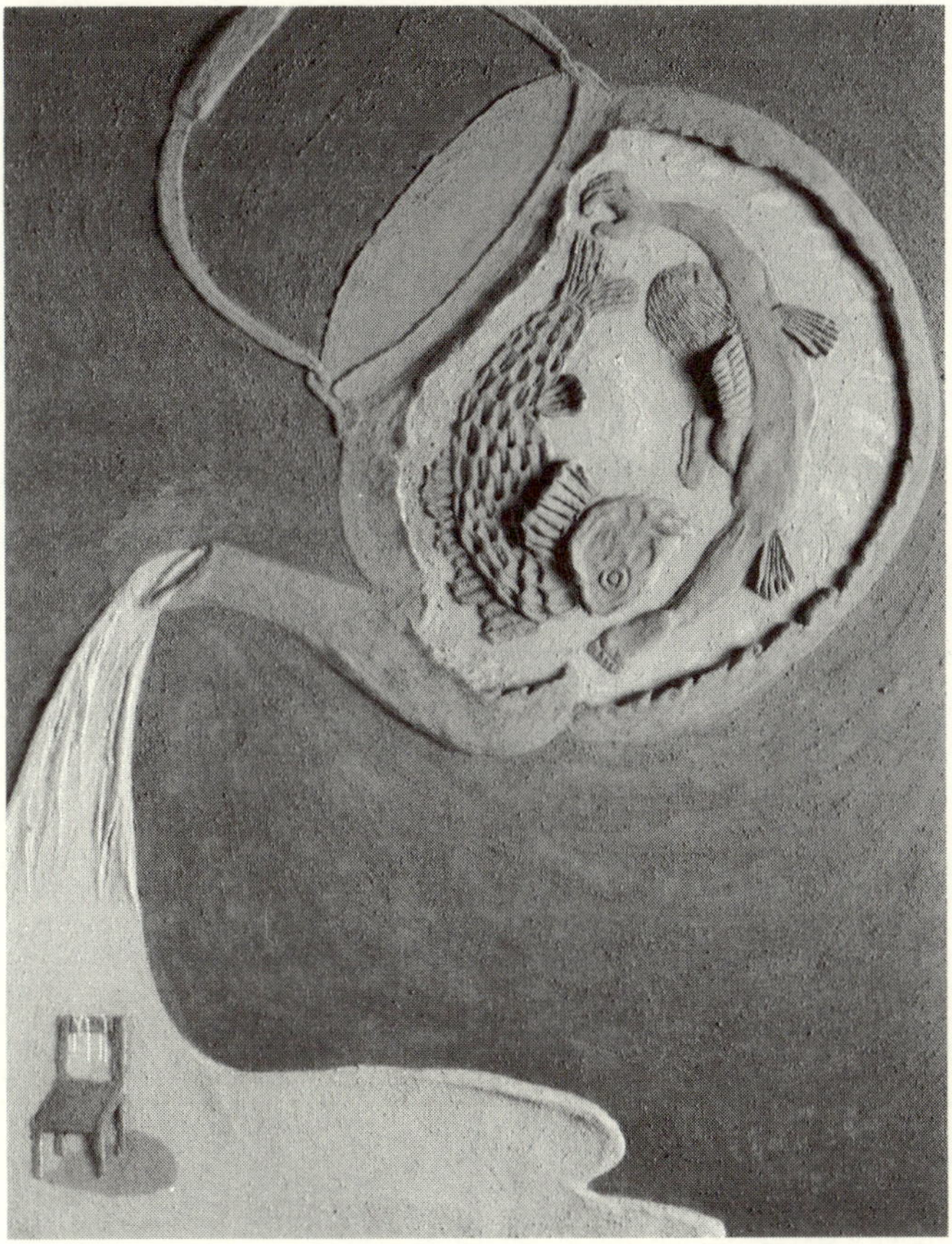

洪性潭「水の中の二〇日間（3）」

② 一般の人々による創作――スミダ闘争における版画サークル

民衆美術運動において多様な表現形式が試みられた最大の理由はあるメッセージをより身近な方法で人々にわかりやすく伝達することにあった。だがそれは美術家というプロがどのように創作するかという方法における問題である。美術運動においてもう一つ重要な問題になったのは、プロのみならず一般の人々も創作に参加することによって美術を自分の考えを表現するための方法として人々の間に定着させようということであった。従って民衆美術家たちは全国に美術教室を開設したり、労働現場に出かけて労働者たちと作品を作ったりしたのである。そこでは一般の人々によっても版画やカレンダーや絵葉書などの作品が作られたが、やはりここでも木版画やゴム版画は素人でもそれなりの達成感が得られるとして多数制作されたのである。このような美術教室は洪性潭の光州市民美術学校が有名であるが、ここでは、実際の労働現場における成功的な例として馬山《マサン》輸出自由地域のスミダ電機の例を取り上げてみたい。

馬山自由輸出地域は、日本企業を中心とする外国企業を誘致して輸出産業の育成を図り外資の導入を図る目的で一九七〇年に設置された。七〇年代中頃には約一二〇の企業が入住し若年女子労働者を中心とする約三万人を雇用していたが、七〇年代末から韓国の重工業化と労賃水準の上昇のため撤退する企業が相次いだ。

一九七二年に日本のスミダ電機が一〇〇%出資して設立し、八九年に会社が一方的に閉鎖した韓国スミダ電機もそのような日系進出企業の一つである。「進出企業問題を考える会」によると、スミダ電機は韓国からの撤退にあたり、「①法律に基づいた会社の廃業手続きもしないで ②賃金や退職金も未払いのまま ③韓国の法律や労働組合との団体協約をも無視して ④日本人経営者や管理職が日本に逃げ帰り ⑤日本の本社からＦＡＸ一枚で『倒産・全員解雇』を通知」するという横暴を働いたという。このような事態に対し韓国スミダ労組は「操業再開・解雇撤回」を求めて工場内にたてこもって闘う一方、代表団を日本に送るなど生存権を取り戻すための闘いを繰り広げた。本社が不当解雇の非を認め操業再開に代わる解決策を提示するまでに要した日数は実に二三八日間に及んだ。

ところでスミダに限らず、このような長期にわたる悪条件の下で組合員が団結を維持し続けるには相当の努力が必要になる。このとき民衆美術運動も含む当時の民族文化運動は現場支援活動を通して労働者を支えたといえるだろう。例えば学校に通えなかった労働者のための夜学や、組合リーダー養成のための労働法講座、映画会、現場の手記や詩をつづる文芸サークル、民族打楽器を練習するサークルなどは民族文化運動の現場支援活動の一環であったといえる。

スミダの閉鎖された工場の中で長期間たてこもりながら闘った組合員たちが、団結力を高めるために歌や農楽や版画などのサークルを作ったことも例外ではない。このうち版画サークルには一一、二名の組合員が参加したというが、それを支援していたのは、烽火《ボンファ》という民衆美術のグループに属していたイ・ソンホン氏であった。烽火は八九年三月に結成され馬山・昌原地域で現場中心の活動をしていた小グループである。

スミダの版画サークルでは、組合の活動のことや、家族のことや、個人的なことなどについて話をしながらそれらを版画の内容にした。「大変な状況だったのにも関わらず雰囲気は明るく楽しかった」とイ・ソンホン氏はいう。また、イ・ソンホン氏は組合員が「こういう内容を言いたいのだけれど、どう表現していいか分からない」という時に技術的な指導をしたと語っている。

組合員は制作した版画をカレンダー、タオル、はがき、ポスターなどに刷って宣伝活動に使用したり、支援者に配ったりした。

例えば、それらの作品は本社に対する日本での抗議活動の際にも活用された。九〇年四月二日から七日まで、本社のある葛飾区金町地区センターでは「韓国スミダ労組手作り版画・写真展」が開催され、一般の人々に作品が公開された。また、訪日代表団を支援する労働運動や市民運動の関係者などによる抗議集会では大型のコルゲクリムも舞台に掲げられた。また労使間の合意成立後には馬山市のカトリック女性会館において「スミダ二三八日闘争絵画展」も開催された。

組合員の制作した作品の内容は闘いのことや、自分の身の回りのことであった。特にコルゲクリムやポスターに描かれた闘争的な絵は、闘いの様子や組合員の主張を一般の人々に視覚的に伝達する役割を果たしたということができる。いっぽうで身の回りのことや自分の夢を描いた絵は「労使対決」「闘争」「集団解雇」といった激しいイメージの陰に隠れがちな一人一人の人生の物語を見るものに改めて思い起こさせ、人間的な共感を呼ぶ役割を果たしたのではないかと思われる。筆者は九七年夏にイ・ソンホン氏にインタビューをしたが、その時筆者の「〝社会的〟な絵は作らなかったんですか?」という問いに対してイ氏が答えた「個人的なことがつまり社会的なことではないですか?」という言葉は今でも印象的だ。

さて、実際に制作に関わった組合員達がどのような感想を持ったのかということだが、組合員の一人は日本の連帯する会に当てて次のような手紙を書き送っている。

「……長い長い、ここでの生活の中で、私たちは本当の兄弟のように互いに理解し合い分かり合える契機となりました。私はここでの生活をしながら、版画に取り組むことができ、ずいぶん張り合いができました。それに、私の作品を連帯する会の同志達にお見せすることができたのも、とても嬉しかったです。本当に、私たちの作品一つ一つに私たちの闘いの精神があふれ意志が彫りこまれています。連帯する会の同志たちと直接お会いすることはできませんが、そうした版画などを通じてお互いにわかり合えたと思います。私たちも闘いながら、人生においてもっとも貴重な経験をすることが出来たと思います[1]。……」

この手紙は、民族美術運動の一環としての版画制作が決して理念のみにとどまることなく、人々の生と深く関わり得たことの証明でもある。この意味でスミダ闘争における版画制作活動は、民衆美術運動の現場支援活動の中でも成功を収めた事例であるといえるだろう。

二　大衆化社会と民衆美術運動

① 美術運動を取り巻く環境の変化

八〇年代を通じて民主化運動と軌を一にしてきた民衆美術

運動は公式的には非合法的な扱いを受けていた。だが、九〇年代に入って社会主義国家が没落し、金泳三《キムヨンサム》文民政権が誕生するなど内外の情勢変化が起こると、民衆美術もこれに伴って合法化された。政府は、九三年に入り政治犯一四四名を釈放し、関連者五八二三名を赦免したが、この中には洪性潭や崔烈ら美術家二一名も含まれていた。このような政府の政策変化を受けて行われた民芸総（韓国民族芸術人総連合）の社団法人化は民衆美術の合法化、つまり制度化という側面を含んでいた。

九四年に国立現代美術館で開催された「民衆美術15年1980—1994」展はそのような民衆美術の「制度化」を象徴する一つの出来事であった。かつて「非合法」であった民衆美術が韓国における現代美術の殿堂ともいうべき国立の美術館で開催されたことは状況の大きな変化を意味していた。この展覧会は一カ月以上にわたり民衆美術界の約二〇〇名の作家と三〇余りの団体による約四〇〇点の作品が展示された大規模展覧会であった。

イ・ジュホンはこの展覧会について「民衆美術が制度圏に進入しなければならないという民衆美術圏内外の要求が九〇年代に入ってからの一つの当為」的事項として浮上したことから実現したと述べたが、一方で「理念展示ではなく作品展示に終わってしまった」（チェ・ボム）という意見や「合法化は進められなければならないが何をもって合法化されるのか？　中身が無いまま既得権化する面ばかりが目に付く」（チャン・ジニョン）といった批判も内部から出された。またある美術家は「八〇年頃から本格的に始まった運動であり、たった一五年で『回顧展』を開くのは早すぎると思い参加しなかった。当時はまだ運動は終わってないと考えていた」と語っている。

このような民衆美術の「合法化」は民衆美術運動がそれ以上「運動」であることを相対的に困難にしたといえる。その直接的な原因は労働現場におけるストライキやデモの減少に伴う現場活動の要請の減少という構造的な変化によるものであった。社会と密接な関係にある民衆美術は、社会構造の変化とそれに伴う社会的イシューの変化によって必然的に変化を迫られることになったのである。

社会構造の変化という点から見落とせないのが韓国経済の飛躍的な成長と、それに伴う高度消費社会の出現である。八五年に九一一億ドルであったGNPは九〇年には二五一八億ドル、九四年には三七六九億ドルに急増し、国民一人当たりの所得も八五年の二二四二ドルからそれぞれ五八八三ドル、六四八三ドルへと増加した。このような経済成長は必然的に人々のライフスタイルや感性に影響を与えた。例えば、高度消費社会におけるもっとも大衆的なイメージ伝達媒体といえる広告は、この時期に広告関連法規の緩和やコンピューター技術の導入によって飛躍的に表現の幅を広げているし、ソテジが一世を風靡し「オレンジ族」や「X世代」と呼ばれる若者が出現したのも九〇年代前半の現象であった。このような高度消費社会を支える感性と民主化運動時代を支えていた感性の乖離という現象は、構造的変化とともに、美術家達を従来のあり方を踏襲するだけでは済まされない状態に追い込んだのである。

例えば申庚林《シンギョンリム》は、次のような痛烈な口調で従来の形式を守り続けている民衆美術のあり方を批判するとともに、現実の変化に即した表現の必要性を主張している。

「……白頭山の天地とツツジに埋もれた韓半島を描くのはもうやめにしなければならないだろう。……民衆は全部知っているのに民衆画家だけが知らないという揶揄を単なる冗談として受け流すわけにはいかない。労働者や労働問題を描く絵も変わるべきだ。今は多くの生産職労働者も車を持つ時代だ。ラーメンで飢えをしのいで働いているなどといった発想はひどい時代錯誤であり、資本家は奪い、労働者は奪われるという図式も絵を生きたものにすることはできない。……私が絵に求めるものは今日を生きる生きた人間であり、常套化し、観念化したイデオロギーではない。ましてや硬直した運動などではなおさらない」。

申庚林のこのような葛藤はほとんどの民衆美術家たちも同様に抱えた葛藤であったと考えられる。八〇年代後半の現場活動はスミダの例で見たようにそれなりの成果をあげたのは事実である。しかし、現場における美術運動に対する関心の集中は、相対的に、作家が自己の内面世界を十分に表現したいという欲求を妨げていた側面があった。特にデモの現場などでは迅速に対応して作業することが要求されたため、十分な制作時間を得ることが難しかった。質の高い創作に対する欲求と、宣伝活動に対する当為性の間での葛藤に加え、経済的な問題など個人的な事情もあって、多くの作家が「運動すること」から「創作すること」に重心を移していったのである。活動の形態も現場における美術運動から、展示場で作品を発表する形へと主流が変化したのであった。

ところで、このような変化に伴い「民衆美術運動」という名称は実際の内容を包括しきれなくなったことから、もう少し広い意味を持った「民族美術」という名称が「民衆美術運動」にかわって使用されることが多くなってきた。もっとも「民族美術」という名称は前号でも述べたように、既に八〇年代前半から使われ出していた言葉であるが、本稿では今まで「運動」の側面を中心に述べるためにあえて「民衆美術運動」という名称を使用してきた。ここでは両者の定義について詳しく言及することは避けるが、以降は「民衆美術」に加えて「民族美術」という名称を適宜使用することにする。

②作品世界の変化——李喆守の例

環境の変化は多くの美術家たちにそれまでの作業を省みさせる契機になった。様々な葛藤のなかで、自身の作品世界を変化させた作家は少なくなかったが、ここで取り上げる李喆守もそのひとりである。ここでは、李喆守のデビューから現在までの作業を詳しくみることによって韓国社会の変化と美術作品との関係をみていくことにしたい。

李喆守が美術家としてデビューしたのは一九八一年である。彼は、それまでに創作した作品を集め、ソウルの寛勲《クァンフン》美術館で初の個展を開いた。この展覧会に出品した作品は「ジャンパンジ　クリム」という彼が独自に考案した方法で制作されたものであった。「ジャンパンジ」とは、オンドルの床に敷く厚い油紙のことであり、「クリム」は絵のことである。彼は、「ジャンパンジ　クリム」の制作方法について次のように説明している。

「絵が描かれている紙は床に張る油紙だ。線描以外の部分に黄土と糊を混ぜた液体を塗って、線描部分にコールタールを吹き付けて定着させた後、糊は水で洗い流せばよい。彩色部分は染色処理した。工程は省略するが、紙や布を染められる染料なら何でも使えるだろうと思う。版画と似ているが複製は不可能であり、修正を避けた。大きな版画のような感じがする点は、技法を考える時に念頭に置いていたことだ[2]」。

当時は、民衆美術の作品においてさえ、油絵の技法などいわゆる「西洋美術」の方法で制作されたものが大半であったことを考えると、彼が「黄土」や「ジャンパンジ」や「ありふれた染料」など、民族的で庶民性を感じさせる材料を用いたことは特筆に価することである。

彼は、美術大学に進学しなかったため、当時画壇を風靡していたモダニズムの影響を受けることもない一方で、主に美大出身者によって構成されていた「現実と発言」等の民衆美術のグループに属することもなかった。だが彼は、一人で作業を進める間に、自らの目標を民族美術とすることを密かに決意していたのである。

「〝民族自存の美しさとは、美しさの普遍的な原理が主体的原理へと熟し、特殊に具現する現場のことをいう。それは歴史的体験と個人的体験を明確で未来志向的な意味として描き出す形象力を持たねばならず、非人間・反民族的価値に与する様々な勢力と、人間が繰り返し憎んできた嘘・搾取・暴力・非生産・死など、美しさに反する全ての力と対峙し闘う能動的価値も確立されなければならないものだ〟……（中略）変わらないのは〝民族の美しい紋様が本来の色彩を備えて戻り来る還生のかすかな夢、復活。民族が力強くよみがえる春の穏やかさと明るさの夢〟、すなわちそのような希望であり、夢である[3]」。

このように李喆守が語る民族の主体的な美術様式を探ろうとする試み、あるいは、民族独自の情緒の回復を目指す努力は初期の「ジャンパンジ　クリム」の作品群に認められる。李喆守は「ジャンパンジ　クリム」の形式で、座ってプク（韓国の太鼓）を叩く僧侶やうねる松の姿態を情念的に描いた。

初めての個展には「現実と発言」のメンバーをはじめ、文学者や、社会運動家、評論家など運動圏の気鋭の人物たちが集まった。そのことはそれまで一人で作業をしていた李喆守にとって大きな励みになった。特にこの時出会った呉潤とは特別な親交を結び、多大な影響を受けた。李喆守は呉潤について「彼がいたからこそ私がいました」と後に語っているほどである。

初めての個展の成功の後、李喆守は旺盛な創作活動を開始した。八一年九月には展覧会で出会った許秉燮《ホビョンソプ》牧師の要請でトルサン教会の壁画を制作した。李喆守はこのときに託児所で働いていたイ・ヨギョンと出会い、結婚した。

八二年七月には「李喆守絵画瞑想集」と副題を付けた『日陰に咲く花』を出版し、個展の作品とトルサン壁画の写真を、自身が感銘を受けた詩や文章と共に収録した。

また、この頃から李喆守は本の挿し絵や表紙絵を多数制作してきた。『砂粒の愛』（尹九炳《ユングヒョン》、八二年）、『恨―神学・文学・美術の出会い』（徐南同《ソナムドン》、八四年）などの本や各種刊行物の表紙絵を制作した。彼の文学との深い繋がりは、現在まで継続する彼の創作活動の特徴である。

八三年に李喆守はソウルから慶尚北道のヒョソルリという小さな村に引っ越し数年を過ごした。この時の生活について兪弘濬《ユホンジュン》は「黙々と畑仕事をする農民、農民運動をしている先輩たち、彼らと付き合うことで生と労働と闘いの現場で学ぶこと、それ以上の師匠は世界のどこにもいなかった(4)」と解説している。ヒョソルリでの農村生活によって李喆守は民族美術の道を歩むことを改めて決意した。

彼は、第一回展の直後から木版画中心の作業に切り替えたがヒョソルリでも主に木版画を制作した。その成果は「時代精神展」（八三年四月）、「生の美術展」（八四年六月）、「解放四〇年歴史展」（同八月）などの民衆美術界の主要な展覧会や、三回目の個展（八五年）に現れた。この頃から八八年頃までは「八五年問題作家展」（八五年一月）、「反拷問展」（八七年三月）など、多数の団体展に出品した時期である。八八年には「民衆と共同体」というカレンダーを出版している。

この頃彼の版画は運動圏の動向を伝えるテレビのニュースで使用されたり、様々な運動団体の機関紙の表紙に使用されたりして人々に広く知られるようになった。八一年のデビューから八八年頃にかけて李喆守は民衆美術界を代表する作家の一人として活躍したといえるだろう。

しかし李喆守は他の作家とは異なりどこのグループにも所属せず、運動圏の中心からは距離を置いて活動を続けてきた。デビュー直後「現実と発言」から勧誘があったがそれも断った。その理由を彼は次のように述懐している。

「傲慢な気持ちからそうしたのではなく、少し恥ずかしく自信がなかったのがその理由でした。その後いつも一人きりで作業してきたわけですから、もしかしたら、何か考えがあってそうしたのかもしれません(5)」。

ここでは控えめに語られているが、その「考え」とは現在まで続く堅い信念であるように思われる。真摯な自己研鑽によって深めた思想のみを忠実に作品に反映していこうとする誠実な創作態度は彼が現在まで一貫して保ち続けている姿勢である。

「もっとも重要なことは流れの中にあっても客観精神を守れるようにわれわれはみな鍛錬しなければならないということのようです。そのようにしてこそ充実した自分の絵になるはずだから(6)……（後略）」

李喆守のこのようなある種客観的な態度は、八三年の光州市民美術学校以来盛り上がりを見せていた版画運動の熱気の中でも保ち続けられた。八〇年代の版画運動は前でも述べたように美術を一般の人々に近づけたという肯定的な側面があった一方で、専門性そのものすら否定するという一部の運動家たちの考えによる極端な風潮を生み出してもいた。画家である崔民花《チェミンファ》はそのような当時の雰囲気について次のように批判している。

「たくさんの黒ぶちの絵たち——それはわれわれに絵画というよりは呉潤の絵画から出てきた工芸のように見えた。しかし、呉潤の方式が他の多くの人たちに真似された時にはありふれたものになってしまったという事実を忘れるべきではない。（中略）学生運動出身の活動家たちの〝現場活動〟に対する専売特許みたいな態度と狭隘な理解、学内基地論にまで傾倒する無責任な戦術などは、多くの活動家たちにとって具合の悪いことだった(7)」。

李喆守も市民美術学校などでの版画運動の成果については肯定しつつも、専門性の問題については次のように述べている。

「このごろ感じるのは、美術家たちの作品がプロらしくないということです。（中略）民衆志向の絵は下手でなければならないという図式のようなものが見えますが、これは民衆をかえって見下した見方ではないかと考えています。（中略）われわれがある現実を画幅に表現しようとする時、表現力が落ちれば捉えようとする現実は消え去り、下手な絵が残るだけでしょう。現実をきちんと捉えて残すためにも優れた造形性というか、美意識、表現技量が必要であるということでしょう(8)」。

李喆守のこのような疑問は現場における美術運動が盛んになるにつれ深まっていった。彼は八九年に出版した『夜が明ける・太鼓を鳴らせ』という版画集のなかで、次のように記している。

「数多くの版画が雑に複製されたり模写されたりして、いたるところでキッパルに、ビラに使われたことを思い起こすことができます。今もそれは続いています」。

「いま、〝無許可美術集団〟の量産化と強制撤去についていっぺんに語られている時点で版画運動は少々停滞したような感じを受けています」。

このように専門性の欠如という問題に対する憂慮が深まる中で李喆守は「版画が時代の変化につれて深みのある多様な形式と内容を自身のものとして表現できるように」なることを目指して『韓国民衆版画代表作品集』を編集し、『夜が明ける・太鼓を鳴らせ』を出版したのであった。

『夜が明ける・太鼓を鳴らせ』に集められた絵は、①社会問題や政治問題、民衆の生と抵抗、歴史的主題、②農村での日常的な生活や自然、③禅画風の作品が主なものであった。李喆守がそれまで制作してきた作品は②の傾向のものもあったが、どちらかといえば①の強烈な印象の作品群が主流であり、③の禅画は八八年の夏に初めて手がけたものであった。彼が禅画というそれまでとは一見対照的な作品を制作しはじめたきっかけは、海印寺《ヘインサ》の僧侶である法然《ポピョン》の依頼で月刊『海印』に文章と絵を連載することになったことである。依頼を受けたときのことを彼は次のように回想している。

「それまで荒々しい絵を描いて生きてきただけに、あっさりと承諾することができず、半年間の余裕をくれるように頼んで一人思案してできあがった絵が八八年と制作年代が付けられている数点です。それを土台にして九〇年には一年間『海印』誌に連載することができました[9]」。

この時の禅画制作の経験は彼の作品世界にその後の作業を方向づける変化をもたらした。この変化が決定的なものとなったのは八九年九月から翌年一月にかけて行ったドイツとスイスにおける巡回展での経験である。李喆守はこの時のことを『山桜は咲いたのに……』という版画集のなかで次のように回想している。

「資本の力を見てきたつもりです。見ながらとても胸が痛みました。そしてこの地を覆う壁について深く考えました。これまで貧しいとばかり思っていた韓国にも、苦痛と強力な資本の力が思ったよりもずっと隅々まで行き渡っていて侮れないことを今更ながら感じるようになりました。私にとって侮ることのできないそれらも、さらに大きな資本の前では取るに足らないものだということも分かるようになりました」。

さらに彼は、自身の作品世界を変えた理由を同じ本の中で次のように告白している。

「民族美術という言葉にしろ、資本、労働、搾取という言葉にしろ、あまりにも簡単に相手と自分とを区別する単純素朴な論理に自らを委ねることができなくなったのを告白します。その行間や、その言葉が届かない場所にも数え切れない生が宿っていることと、教条的論理に自らを委ねて崩れてしまった生が余りにも多いことを改めて知りました。決意だけで勝てる戦いではなく絶望もしました。また、変革運動も様々な欲に根拠を置きうることをかえって考えるようになりました。（中略）この世の荒れた心と物質に押しのけられて飢えたり精神が崩れて死んでいく人たちは、荒々しく悪辣な資本のせいだけではなく、自らの中に巣食っている資本の〝心〟によっても傷ついていくことがあるのを考えさせられたのです」。

こうして彼は以降「心」と「疎外の問題」を主題にして簡潔な絵に文章を加えた独特なスタイルの木版画を制作しはじめるのである。ドイツから帰国した彼は八八年に制作した禅画風の絵を続けて制作し、『セド　ムゲガイッスムニダ（鳥にも重さがあります）』という画文集にまとめた。このあと九五年に『山桜は咲いたのに……』を出版するまでのあいだ、二回の個人展を開催したほかは目立った活動はしていない。この時期李喆守は禅への造けいを深め、自身の芸術世界を新しく確立することに努めた。

『山桜は咲いたのに……』出版後には、続けて『枯れ草の歌』を、九六年には禅を主題とした『梨の花　白く　落ちた夜に』と「音」を主題とした『ソリハナ（音　ひとつ）』を出版した。現在は、毎年年末に出すカレンダーのほか、絵葉書やカードなども出版している。また、詩人パク・ノへや僧侶法頂《ポプチョン》の本の表紙を担当したり、雑誌『チョウン　センガク（良い考え）』の裏表紙や、環境団体である緑色連合の月刊誌『チャグンゴシ　アルンダプタ（小さいことは美しい）』の表紙のほか、数多くの雑誌に連載し、人気を集めている。

ところで、李喆守が作品世界を変えたことについて周囲からは「民衆美術の新しい戦略なのか」という反応があったというが、このことについて、彼はもちろん否定している。それでは、八〇年代の作品と九〇年代の作品では何が同じで何が異なるのだろうか。八〇年代の作品とその後の作品の間には関連があるのだろうか？　このような疑問について李喆守は九七年に著者が行ったインタビューに次のように答えてくれた。

「当然、関連があると思っています。私が八〇年代に主に作ってきた作品は政治的な発言でした。しかし、その政治的な発言はあまり具体的ではなかったと思っているんです。宣伝的であったり煽動的な作品をたくさん作りました。こぶしを突き上げていたり、反対したり……そんな話です。しかし重要なことは、それが疎外された人々の苦痛や痛みに関する美術的な発言であったという点です。私は今も忙しい現代人に対して必要なこと、しなければならないことは何であるのかに対する答えを描いているという点では同じだと考えています。昔は韓国の現実において、貧しさと政治的な抑圧が大きなイシューでした。しかし今は、私の見るところでは、精神的なイシュー、つまり精神的な疎外や恐怖感のようなもの、自分の全体性の喪失などが問題になってきています。そんな意味で、過去の私の絵と今の私の絵に関連性がなくなったとか、根本的に変わったとは思っていません。現代の、われわれの主たる関心が変わったということのために、われわれも変わらざるを得ないのだと考えています」。

そして、「精神的イシュー」を表現するための素材として彼は「禅」と「生活の中のこと」を選んだ。

「私の作品のうち禅的な絵は、精神的な超越、飛躍、そんなことを模索しているものです。われわれ現代人は自分の生の日常的な生活の中に埋没しています。そのために、生き生きとした自分の考えを持つことが難しく、世間から与えられたものを、与えられた通りに受け取るために精神的に萎縮してしまっています。そんな人たちに何か刺激を与えなければ、というのが私の考えになっています。それから、生活の中の温かくて、微笑ましいものを描いた絵は……、疎外を生み出す現代においてわれわれが位置し、頼みにし、守らなければならない中心的な価値は家庭だと私は考えているので……だから家庭の温かさや家族間の友愛、連帯、そのようなものを伝えるこまごまとしたものを、たくさん見い出して表現しようと尽力しています」。

この話から李喆守が作品で表現しようとしていることは精神的な疎外の問題であることが分かる。そしてそれを伝える美術的な方法もより開かれたものを目指しているという。

「第一に絵も言葉だと考えています。言語のひとつの種類だと考えてきましたし、意志疎通の手段だと考えています。だから意志疎通を不便にする表現に反発を感じます。できるだけ優しい言葉を使えたらよいと考えていて……時々は仕方なく難しい表現を書かなければならない時もありますが、基本的に私は易しい言葉を選びます。二番目は、主題や素材に関する問題ですが、その場合には普通の人々が普通に体験している、普段の自分の生活の中でよく見かける話や素材を中心にしています。ですから漠然とした抽象的な素材を選ぶのではなく非常に具体的で、西洋の言葉で言えば、ディテールを重んじながら話の種を探します。それから三番目は〝大衆化の通路〟に関する問題です。私が主に使っている〝通路〟は出版物です。印刷物や本、それからカレンダーやはがき。このような印刷物を通して多くの平凡な人々の前に私の絵が近づいて行けるように機会を最大限に作ることが私の方針です。そして、オリジナル作品よりは印刷された絵を通して十分にメッセージが伝わるように表現方式も単純にするのが私の方法です」。

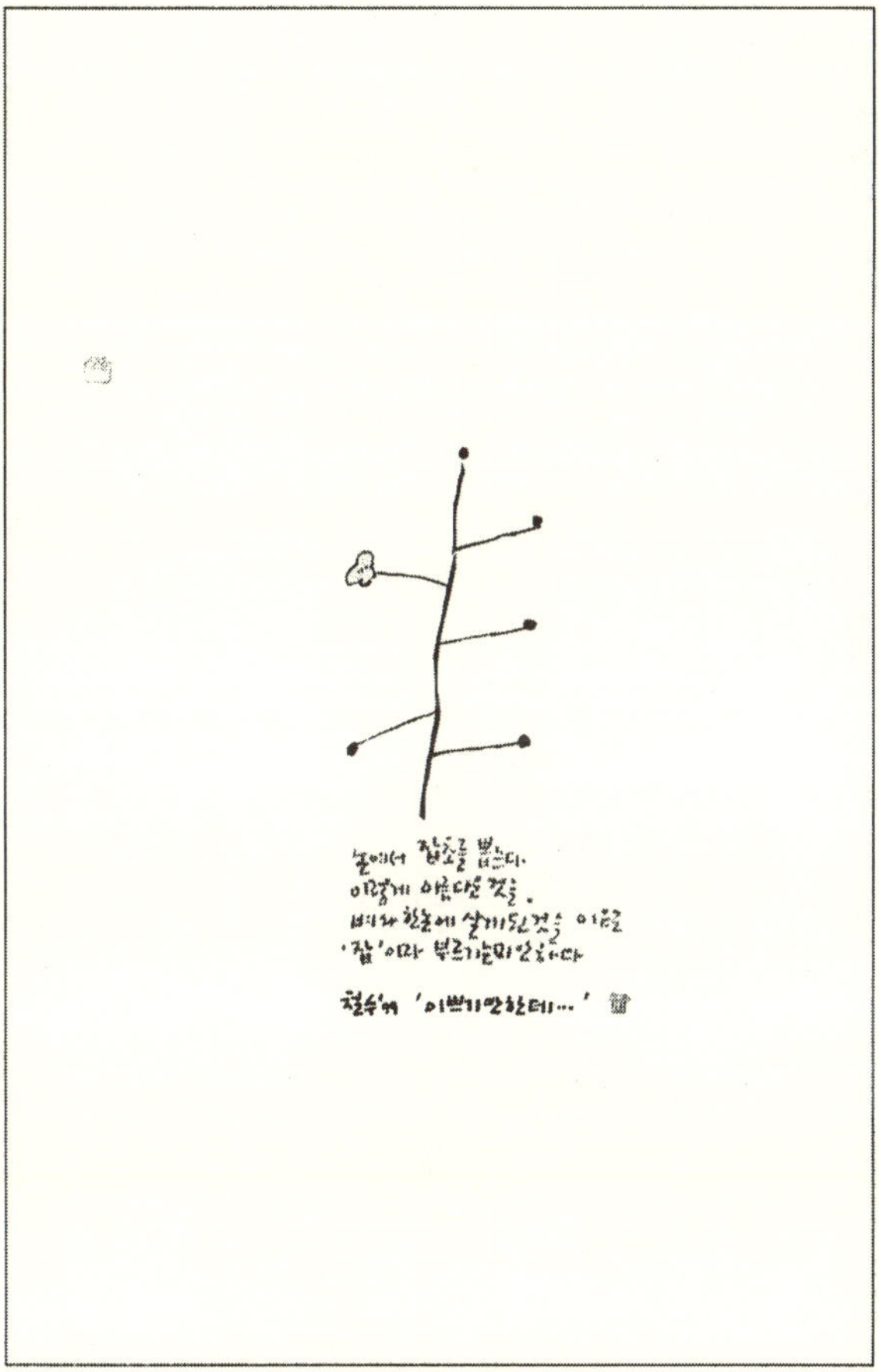
李喆洙「木刻カレンダー 2000年」より

このような彼の作品や表現方法、大衆化の方法は民族美術の理念を追求する中で培われたものであるのは明らかだが、新しい現実のなかでより成熟し、人々の共感を得ることができたのだといえる。李喆守は画文集の読者からよく手紙をもらうという。

「手紙などを読むと人々があれこれの精神的な空虚感を抱えて生きているということが確認できます。私の絵を見て慰められたとか、そんな内容の手紙をよくもらいます。私は画家としてそんな内容の手紙をもらうと嬉しく思います。いいことだと思います。ですから、私は自分自身の変化と私の作品世界の変化を肯定的に考えています」。

李喆守は、現在では民族美術界の中心的な活動からは離れて活動している。しかしあえてここで取り上げたのは民族美術の基本的な理念――質の高い芸術を専門家の占有物にするのではなく一般の人々と分かち合うこと。芸術は現実の表現であること――を現代的な形で実現した作家が李喆守であると考えたためである。

彼の作品は韓国の伝統的な美しさを木版画という形式で表現している。韓紙の上に十分な余白を取りつつ繊細な色彩で刷られた作品は伝統美を感じさせながら非常に簡潔で洗練されている。だがその洗練はミニマルな「抽象画」のように冷たい肌合いを持つものではない。例えば黒い線で刷られた円の真下に小さな四角い点がひとつ描いてある作品には言葉が添えられ「空（くう）」という意味があることが分かり、そこから人はそれぞれの考えを深めることができるのだ。線も、木版画独特の人の作業の跡を感じさせる暖かみのある線である。伝統美を感じさせながらも普遍的な美しさを備えているところに李喆守の作品の魅力がある。そして何よりも、現代を生きる人々の実感に即した内容を備えている点が多くの人々の支持を集めている理由だろう。

三　現在の民族美術

民衆美術運動の美術運動としてのあり方の変化は、もちろん個々の作品世界の変化と同時に進行した。李喆守の例で見たように、それまで中心的なイシューであった労働問題や政治問題に関連して、社会変革の主体としての「民衆」の力を強い調子で表現するという、八〇年代民衆美術の典型的な作品群が減少したのである。相対的に増えたのは韓国の自然や人々の日常生活に関する内容や、環境問題や女性差別の問題などに関する作品である。兪弘濬はこのような変化の背景について、「民衆美術運動の高まりの中で対社会的な関係の点検に熱中するあまりに〝自我、人間、自然〟といったより根源的なものを軽視してきたことへの反省があった」と述べている。

さて、それでは転換期を経た現在、作家たちはどのような活動を展開しているのだろうか？　大きく分けると三タイプの作家が存在するように思われる。まず、九〇年前後の転換期以降、民族美術人協会を中心とするいわゆる民族美術界の中心的活動や運動圏から距離を置きつつ独自に創作中心の活動をする作家。二番目に、団体に属す、属さないに関わらずデモなどの現場や市民団体を直接支援する作家。三番目は民族美術人協会などの中心的な民族美術系団体と関わりを持ちながら活動している作家である。実際、このタイプの作家が人数的に最も多い。

ひとつめの例として代表的な作家は前項で述べた李喆守や漫画家崔正鉉《チェジョンヒョン》らがあげられるだろう。崔正鉉はこれまで週刊『女性新聞』に連載した漫画を『パンチョギの育児日記』『平等夫婦　パンチョギ家の家族日記』（共に女性新聞社）等数冊の単行本にまとめている。日本でも『韓国版男も子育てパンチョギの育児日記』（社会評論社）が出版され、今までにも〈新韓国読本〉シリーズを通していく度か紹介されている作家である。

作品の内容は、男性である著者の子育てや家事に関わる体験が中心である。男性が家事をすることがまだまだ珍しいこととされる韓国でも彼の漫画は大変に売れている。現在は、このような子育て漫画を中心に描いているが、八〇年代は南北分断の問題など、政治的な諷刺漫画を大学新聞やビラなどに数多く描いていたという。

二つ目の例を代表する作家としては崔秉洙《チェビョンス》をあげられるだろう。崔秉洙は美術大学の学生ではなく、労働者から美術家になった人物である。八七年六月、延世大学のデモで催涙弾の直撃にあって死亡した李韓烈《イハニョル》のコルゲクリムを制作した美術家として有名である。現在は環境運動連合で文芸委員として機関紙『環境運動』などの表紙画やポスターを描くなどの活躍をしている。このように、環境問題に目を向ける美術家たちは多く、現在民族美術の主要なテーマとなっている。

また昨今の経済不況によって労働界では人員の整理解雇に反対する多数のデモが実施されたが、そのようなデモの会場ではコルゲクリムや、組合員のはちまきなどの絵に八〇年代の民衆美術運動形式の絵が多数使用された。作者は未詳だが九九年四月一八日の汝矣島《ヨイド》広場における韓国通信労組のデモには、舞台上にコルゲクリムが掲げられたし、同年五月一四日、大学路《テハンノ》のマロニエ公園での金属連盟のデモでは「整理解雇撤廃」と書かれた赤い旗をつかんだこぶしの力強いオブジェなどが出されていた。こうした作品と現場支援活動は、八〇年代とは中心的なイシューが変化したとしても、根本的に変わらない社会問題が依然として存在することを意識しながら、それを解決しようとする美術家たちの存在を暗示している。

三番目は現在民族美術の主流をなしている韓国民族美術人協会（民美協）の会員たちをあげることができるだろう。最近開かれた「KOREA+JAALA 東北アジアと第三世界美術展」では、民美協の会員のほか、中国の作家と、八六年から交流を続けてきた日本の美術団体であるJAALAの会員を中心に、フィリピン、マレーシア、インドネシアに加え、クルド族の作家が参加した。韓国の作品は六〇点以上に上ったが、テーマだけをあげてみても、環境問題、南北分断、

「整理解雇撤回」のオブジェ

歴史、ＩＭＦ、性、若者、自然、家族、農村、伝統民族など実に多様であり、現在の多様化した民族美術の断面を見せていたといえるだろう。

　最近の民族美術作品のなかでも、特に多くの作家によって制作されているのは、自然をテーマにした作品である。閔晶基《ミンジョンギ》と孫壮燮《ソンジャンソプ》、姜堯培《カンヨベ》の三人は九九年にそれぞれ個展を開いた作家たちであるが、三人とも山についての作品を中心に描いている。閔晶基は韓国の山や草花を水色とパステル系の色彩をベースに油絵で表現している。孫壮燮と姜堯培は、二人とも北朝鮮にある金剛山《クムガンサン》を描いている点で共通している。孫壮燮は樹皮で作った凹凸のある紙に透明感のある油彩で山や澄んだ河、それに漁村で働く人々などを表現している。姜堯培は済州島出身の作家であり、済州島四・三事件の連作などを中心的に制作してきた作家である。今回は、早い筆致で金剛山の自然を描写した。緑色の絵の具で表現された透明で深い河とダムの表現が印象的だ。

　また、民族美術の代表的な作家として初期から活躍している林玉相《イムオクサン》は政府のグリーンベルト廃止に反対して仁寺洞《インサドン》で「林玉相のあなたも芸術家」というイベントを行った。このイベントでは、仁寺洞の道に緑色の紙を長く広げて通行人に自由に絵を描いてもらうというもので、イベントの一環としてグリーンベルト廃止に反対する署名運動も行った。

　このほか、最近個展を開いた作家のうちパン・ジョンアやク・ボンジュは人々の平凡な日常についての発言を行っている作家たちだ。ク・ボンジュは主に鉄と木を使って現代のストレスにさらされるサラリーマンたちの彫刻を作っている。その極端にデフォルメされた彫刻はまるで漫画のひとこまから今飛び出してきたというような雰囲気を備えている。非常にユーモラスでありながらもどこか悲哀に満ちた彫刻を見ていると、厳しい競争社会のなかで必死に生きるサラリーマンたちの姿が思い浮かぶようである。

パン・ジョンアは以前から人々の暮らしに目を向けてきた作家であるが、今回は特に女性についての作品を発表した。彼女は、女性の日常を油絵や立体作品でリアルに表現することによって、それまで美術作品で表現されてきた女性像がいかに表面的なものであったのかをユーモラスに暴露する。赤いマニキュアがはげかかった足のオブジェや、布団のなかで起き上がって孤独に下着を付ける女性のオブジェ、初めての子育てに戸惑いを見せる自身を描いた油絵などは女性の共感を呼ぶ作品であるといえよう。

姜堯培「萬瀑洞」

おわりに

今まで、韓国の民衆美術運動の歴史を眺めてきた。初期の頃と現在では、韓国の社会状況も激変し、作品世界も大きく変化した。しかし、民族美術家たちは過去も現在も変わらぬある視線を持っていると考えられる。それは、「生」について描こうとする視線であ

林玉相のイベント

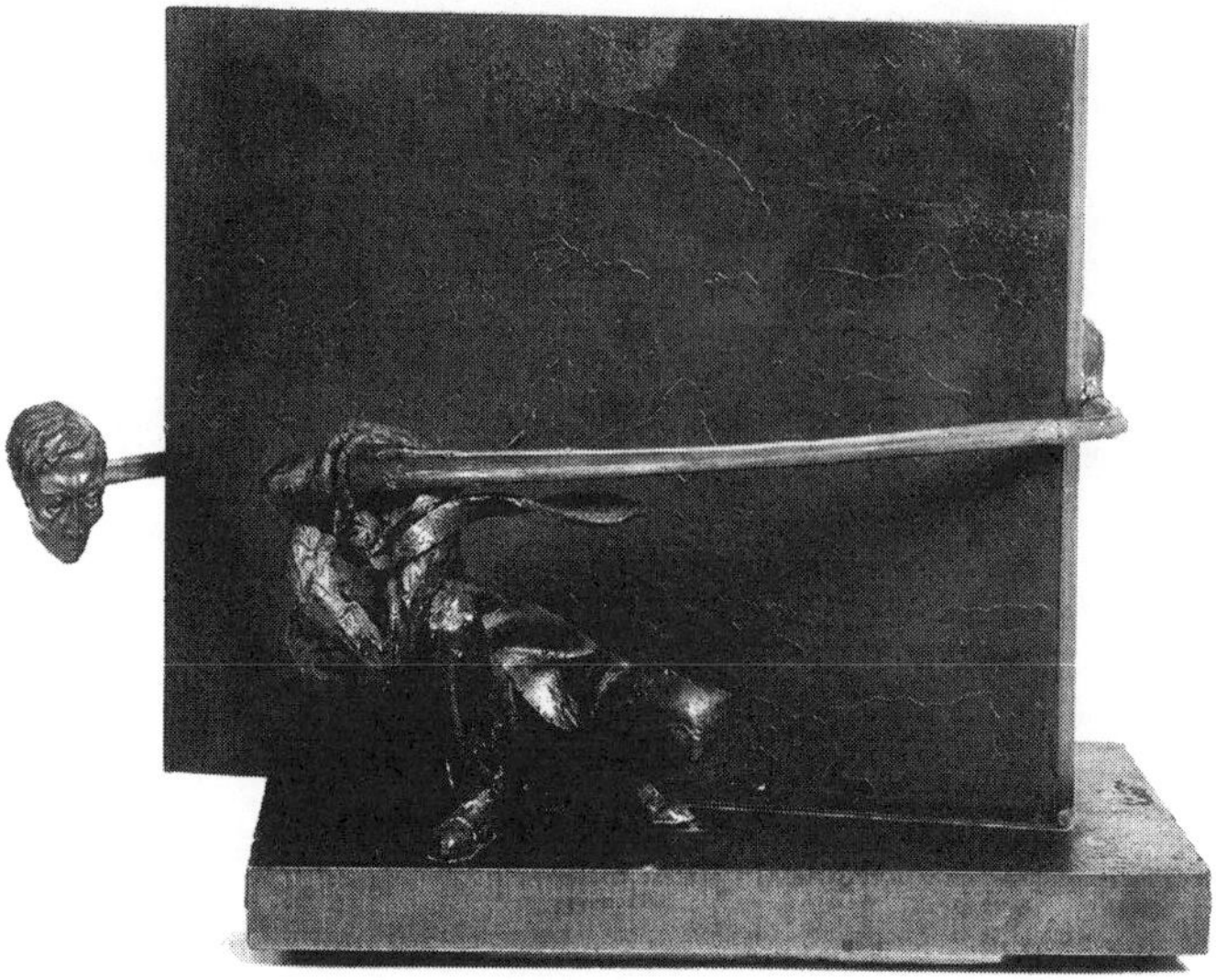

ク・ボンジュ「危機意識の中に陥った彼は……」

る。人を描くのであれ、自然を描くのであれ、この「生」に対する視線は時代を問わず受け継がれてきた。厳しい時代の中から生まれ、時代の転換点に立ち会い、現在は方向を模索している民族美術であるが、この「生」に対する視線が民族美術の普遍性を保証しているといえよう。今後民族美術が真摯な現実表現という命題のもと、新たな時代に即した表現を開拓していくことを期待したい。

［注］

（1）「馬山からの手紙」進出企業問題を考える会『写真報告・スミダ闘争二〇六日』ＪＡＳＫＯ企画、一九九〇年一一月一五日。
（2）李喆守『日陰に咲く花――李喆守絵画瞑想集』ブンド出版社、一九八二年、七頁。
（3）前掲書、八頁。
（4）兪弘濬「揺るぎない芸術的所信と大衆の愛」『李喆守版画集・夜が明ける、太鼓を鳴らせ』理論と実践、一九八九年、六頁。
（5）李喆守「〝現発〟の先輩へ」現実と発言編集委員会編『民衆美術を目指して』科学と思想、一九九〇年、五二一頁。
（6）李喆守「ヒョソルリから来た手紙」時代精神企画委員会編『時代精神　第一巻』イルクァノリ、一九八四年七月、九七頁。
（7）崔民花「憂鬱な狂気」国立現代美術館編『民族美術15年 1980―1994』一九九四年、三六頁。
（8）李喆守ほか「民衆時代の版画運動」時代精神企画委員会編『時代精神　第二巻』イルクァノリ、一九八五年三月、一四六頁。
（9）李喆守「私の心の庭」『山桜は咲いたのに……』学古齋、一九九五年、一〇頁。

すばらしい生涯

孔善玉

雨が降ってきましたね。傘がないのだけれどどうしましょう。とりあえずは軒の下に入るのが最もいいのですが。今日、わたしがあなたにお会いしたかったのは、特別なことがあってというのではなく、ただ会ってみたかったんですよ。ただお会いしたいというだけでは、なぜか照れくさくて申し訳ないので、その「わけ」を持ってきたんですよ。ほんとうは、ひとつも大切ではないけれど、重要なものを見せてあげようと思ったのです。心の広いあなたのことですから「重要」というものには、あまり大きな意味を認めないとは思いながらも、あなたにお目にかかる時間が少しでも迫ると、ちょっとばかり恐ろしいのです。もしかしたら重要なものを見たいとやってきたのに、ひとつも重要ではないと気付いた、その瞬間に席を立って行ってしまうのではないか。あるいは、そんなに会いたかったあなたの顔を見るやいなや、あなたがあんなに嫌いな涙が思いがけなくこみ上げてくるのではないか。人間はできることなら、涙を見せずに生きなければならないのです。どうして詩を読むと、あのように心が穏やかになるのでしょう。涙を愛するひとを愛せよという、そのメッセージが胸に届くからでしょうか。ところで不幸にも私はまだ個人的に涙を愛するひとを愛してみるという、幸せを享受してはいないようです。私が愛する人たちは、わたしの涙をそれほど望みはしないからでしょう。多分ひどく泣いたからそうなのでしょう。最初は私もとても淋しかったのです。そして疑問を持ちました。なぜひとは他人の涙を嫌うのか。そして「他人の涙を通じて自分の涙を見るようになるのが恐ろしいのではないか」という私なりの結論を得ました。その結論に達してから、私は涙を嫌うひとをそれほど憎んではいません。いや、むしろ彼らに対する温かい憐憫のようなものを感じています。考えてもごらんなさい。ひとが本当に他人の涙を拭ってくれたり、一緒に泣いてくれるとか、あるいは他人が泣けるように静かに放っておいてくれる人だけがいる世の中ならば、本当にこれ以上望むものはない世の中になるでしょうに、そうではなくてそばで涙を拭ってくれるふりだけで、心の中では少しも他人の涙に共感する気のない人たち、そのような人たちが暮らす世の中の方がもっと恐ろしいのじゃないですか。他人が泣くと神経質になるひとが、むしろ他人の涙に共感するひとなのではないのか、他人の痛みに自分の心も痛むひとなのではないか、という気持ちになったのは、それほど昔のことではありません。そしていま私はそれほど頻繁には泣きはしません。心の中はともかく、外見的にはそれほど取り乱してはいないでしょう。ですから安心してください。会うとまたあの女の涙を見なければならない、などと心配なさらないでください。けれどもほんとうによく降りますね。今日は私の母の祭祀の日なのです。娘ばかり三人のわが家では姉が祭祀を主宰します。私と妹は参加するだけなのです。姉は仕事を持っているので、早く姉の家に行って祭祀の手伝いをしなければならないのですが、私は今このようにあなたに会いにここに来ているのです。もっとも昔も今も、私の手伝いというのはいつもそうでした。気持ちと身体とが別々になるのです。しなければならないことを後に延ばして別のことをやってしまうのです。母が生きていたときは、いつもそんな私の性格が話題になりました。あの子の反抗できっと家は潰れてしまうと。母は話好きな人だったのです。けれども性格が激しいとか、荒っぽい方ではありませんでした。とてもおとなしくて純真だったんです。他人に騙されやすいタイプだったのです。母をいちばん騙したのは父でした。その次は私たち姉妹でした。三人姉妹の真ん中の私が、いちばんよけいに母を騙したのです。一言でいえば私は「悪い女」でしょう。そうです、悪い女なのです。わたしも母に似ておしゃべりの方でしょう。だから気楽なんです。話好きなひとには、そんなに悪い人間はいないみたいですよ。そうじゃないですか。自画自賛ではないかって。もっとも人間は悪くなるともっとひどくなるものでしょう。だから一生が狂ってしまうのです。一度よじれてしまった人生は、真っ逆さまに絶壁から落ちるようなものだということを、そして再び抜け出せない場面を私は見てきました。両親の一生もそのようなものでした。その子どもである私たちは、その一人である私は、両親がずるずると絶壁から墜落していた瞬間にもあなたに会いたかったのです。姉が泣き妹が泣きました。母は泣く気力も失せて気が狂ったようになり、父は行方不明になりました。

なぜかそのときのことが思い出されてなりません。母の祭祀の日だからなのでしょうか。いまさらのようにあなたとここで会おうとしたからでしょうか。気をつけてお出かけください。わたしはこの前の喫茶店でお待ちします。ここにきて私

【解題】 孔善玉《コンソノク》の作品が初めて日本語になったのは、短篇「渇いた季節」（蜂須賀光彦訳）で、本誌前号（〈新韓国読本〉⑨）に掲載された。そこには著者略歴の紹介もある。だからここでは前号の解題で扱われていないことを書いておきたい。

　まず、収録作品「すばらしい生涯」のことであるが、『文学トンネ』99冬季号の「若い作家特集　孔善玉」の一編として発表された。特集では他に、作家肖像「イブはいない――小説、実存の海を遊泳する孔善玉の堂々たる鰓」（ユンヒョ）、作家論「女性、歴史の他者」（ハンスヨン）が収められている。

　「すばらしい生涯」は、作者自身とおぼしい三〇代後半の女性の独り語りの形式で進行する。「わたし」は「あなた」を待っている。けれども、あなたはなかなか姿を現さない。あなたを待ちながら、わたしは過去に出くわしたエピソードを次々と語っていく。全羅《チョルラ》道《ド》農村の貧しさ、光州民主化抗争、女性の就職難なども扱われて、孔善玉ファンにはおなじみの場面設定である。とりとめもない回想に耽る部分と、実直な感じの昔の日記が交互に出てくる設定も面白い。あなたは結局現れなかった。あなたはもともと実在しなかったのかもしれない。存在しないあなたに語りかける形式で、回想というものの危うさを示そうとしたのだろうか。この小説は現在の時点から二〇年ほどの昔を回想しているが、その当時から現在まで、作者自身も作者を取り巻く環境も大きく変わった。これが連作になるのなら導入部に相当する部分なのだ。独り立ちしてからの「その後」をぜひ読んでみたい。

　孔善玉の「酒を飲み煙草を吸うオンマ」は、九九年東仁《トンイン》文学賞候補となったが、惜しくも受賞を逸した。私は昨年末に全羅南道石谷面《ソクコク》に作者を訪ねて、親しく交わすことができた。父親の去った三人の子供を抱えて暮らしに追われながらも、フェミニズムと自然のなかで生きることの喜びを熱心に語り、小柄な体に精気を漲らしていた（もちろん、酒を飲み煙草を吸っていた）。韓国の作家では朴景《パクキョン》利《リ》、尹静慕《ユンジョンモ》、崔明姫《チェミョンヒ》、日本の作家では丸山健二のものが好きだという。暖かくなったら川遊びにでもと誘われたが、その後の知らせによると麗水《ヨス》に引っ越したようだ。

（舘野）

が見当たらなければ、心の広いあなたのことですから、あの喫茶店に惑わずに来られると信じます。あなたが私を見つけやすいように、そして私もあなたを見つけやすいように窓辺の席に座るようにいたします。急に雨が降ってきたみたいですね。あなたと会うのにふさわしい天候です。私はまだ娘みたいな気分を残しているからでしょうか。このように雨の降る日にあなたにお会いしたいのです。雨が降り風の吹く日になると一層そうなのです。陽のひかりがまばゆい日にも、ふいに思い出されるのです。なにも起こりはしない夕暮れどき、あるときは突然、朝眠りから覚めると、ふいにあなたに会いたくなります。あなたに会いたいという私の気持ち、それは一種の慢性的な飢えみたいになってしまいました。その飢えが充たされれば、私はもうそれ以上はあなたに会いたいとは思わないでしょう。でも、この飢えは絶対に埋められはしない飢餓であることははっきりしています。世の中の何によってあなたに会いたいという、私の気持ちが埋められるかということです。そしてこの飢えこそは、私の宿命ではないでしょうか、幼稚と思われるかもしれませんが、幼稚と考えることはできないのです。私はそれを、その飢えを私の運命として受け入れたいのです。このようにお話しすると、なにかひどく緊張していた私の気持ちが少しずつ緩んでいくようです。ひとは時にはこのように根拠なしに、幼稚に大げさに言う必要もあるみたいです。けれども、喫茶店の中に入ってみると、私はどうしようもなく萎縮してしまうしかありませんでした。

鼓膜を破らんばかりの音響、喫茶店の中で一番目立つ所に置かれた大型テレビが発する音なのです。まったくこの騒音にはゾッとしてしまいます。「ゾッとする」というと、また母のことが思い出されます。私があなたにそんなにも会いたかったそのとき、「そのとき、その頃」のことなのです。そのとき母は私たちと一緒に暮らしていました。光州市牛山洞の隅っこの家で暮らしていました。その日に私がどこに行ってきたのかと言うと、光州無等競技場だったのです。そこになぜ行ったのか。そのときに書いた日記が、いや、日記というよりも記録というべきものが出てきました。それがいまここにあります。お恥ずかしい告白なのですが、本当は私が持ってきたこの「記録」をあなたにお見せしたいのです。いつかあなたにお目にかけようと意識しながら記録したものなんですよ。あなたが私に来いと言われたことを信じて、私は一度もあきらめはしませんでした。それは文字どおり「強力な霊感」でした。そして今日、つまりその日がやってきたのです。

アイグー、あのテレビはいったい何なのでしょう。人間の精神を喪失させるものではありませんか。あんな状態でも若者たちは話をしていますね。向かい合って、私の目にはまだ子どもと見えるのだけれど。若い子たち。そのとき、その頃、私もまさにあの子たちみたいだったのでしょうか。けれどもあのときの私はいまのあの子たちよりも、はるかに成熟していたと思われるのは、時代のゆえなのでしょうか。時代の話が出たのでお話しするのですが、いまあの子たちと同年代の若者たちを別の場所で見たとすると、子どもに見えるでしょうか。どんな時代でもそうであるように、誰もみな同じように時代を生きることはできません。今でも一時代前の生活を送る者もいるし、また今の時代よりもさらに先の時代を過ごす者もいるということです。話がどんどん逸れてしまいましたが、あなたは心が広い方なので、私の浅はかな話をすべて理解して下さると確信します。なぜ私がこんなふうに話すのかと言いますと、いま私が見ているあの子たちと同世代の若者たちを、この喫茶店の中や先ほどあなたと会おうとした、あそこに見える大学の校庭のようなところではなく、建設現場で汗を流している姿や、工場で汚れて働いている姿や、船で漁師が風と闘っている姿を見たならば、彼らは決して子どもには見えはしないと言うことなのです。ですから、私があのときに休学をせずに大学にそのまま通っていたならば、あのときの私と今のあの子らの姿とは別に違いはないかもしれないのです。けれども私はそのとき明らかに「白手《ペクス》乾達《コンダル》」〔一文なしのごろつき〕だったのです。もっと正確に言えば「白手乾達と恋人」といったところでしょうか。私が本当に乾達の恋人だったのかどうかは、いまは定かではありません。

　あなたは映画がお好きでしょう。中国やイラン映画はいかがですか。そうした映画を観ると、またあなたが思い出されてくるのです。止められないほど恋しいのです。そう、いま暮らしているところは映画館もなく、そこでは唯一の文化施設といえる貸ビデオ店も、私の好きな映画は置いていないので、たいていは新聞の文化欄に映画担当記者が書いた記事で、その映画をああだこうだと想像するだけなのです。いつかご一緒する機会があれば本当にいいのですが。ああ、これは観ました。「陽光のあふれる日々」というタイトルで出たビデオでした。あの映画を観ると思い出されるのですが、あのときあの頃のことを「乾達とあんちゃん」という名前を付けましょうか。とにかくあの頃のことがしきりに思い出されます。言うなれば、私にとってもその頃が「陽光のあふれる日々」だったからでしょう。そんなにうら淋しかった、それほど無鉄砲に動きまわった二〇歳前後だったのでしょうか。あの頃あなたはどこにいらしたのでしょうか。あなたを呼んだ私の声を耳にされませんでしたか。独りで飲むのは恥ずかしくて、でも一緒に飲んでくれる人も見当たらず、二合入り焼酎とつまみ一袋を買って、そこがどこなのか見分けもつかない草むらに入って行く娘を見かけたことがあったとすれば、その娘はまさしく私だったのです。いま考えてみると、そのときの私も子どもだったのは明らかでした。子どもが大きくなって、ある時期が過ぎ去ってしまうと二度と戻ってこないのが、私たちの一生なのではないでしょうか。なにをそんなに急いで、がたついて世の中に飛び出し、そのようにさまよって〝行ったり来たり〟したのか、いまでは思い出せないほどです。

　ビルマのアウンサン廟で爆発事故が起こったという。私はいまちょうど無等競技場から帰る途中だ。ローマからこの地を親しく訪問したヨハネ・パウロ二世に「謁見」するために、私は昨夜から「乾達」の彼と無等競技場で夜を明かしたのだ。私たちがパウロ二世に会いたいと思った理由はこうである。先日のクリスマスに出獄した暴徒、私の彼は、銃床で殴られた腰がひどく痛む日々を送っていたが、薬では治癒できないその病を、霊験あらたかな法王が治療してくれるのではないかという期待を持ったのだ。彼はひょっとすると、パウロ二世はイエスのように病める者を治療する能力を持っているのではないかというのだった。そしてその方にお目にかかる最もいい場所を確保するために、私たちは前夜からメシア・パウロ二世を待ち受けたのである。しかし、パウロ二世に直接謁見する機会は私たちに巡ってこなかった。大勢の群衆が押し寄せたからだ。夜を明かして待った甲斐もなく、私はそのまま彼と別れることにした。ひどい空腹なのに金がなかったからだ。私たちはそれぞれの家に帰り、空腹を満たした後に再び会うことにした。そして光州市内をひたすらうろつきまわるのだ。光州公園、無等山、芝山遊園地、忠壮路、黄金洞の路地をあてもなく動きまわるのである。動きまわって知り合いの「暴徒」に出会い、そして金の持ち合わせがあれば、黄金洞の裏町でマッコリや薄いお汁などをおごって貰うこともあったのだ。そんな日はとても運の良い日だった。だが運の良い日はそれほど多くはなかった。

私は「密か」に家に帰ってきた。バスから降りると姉が反対側の乗り場にいるのが見えた。私は街路樹の陰に身を隠した。姉はガイドの制服の上に自分で編んだセーターを引っかけている。手にかばんを持っているのは宿泊勤務だからだろう。なぜか胸がピリピリ痛む。幸いに姉が乗るバスはすぐにやってきた。そのバスが完全に私の視野から消え去るまで、私は街路樹の陰に身を潜めていた。道を渡ろうとすると少しめまいがした。もっともこの二日間で私が食べたものは、パン一個にヤクルト一本だからめまいがするのも無理はない。めまい程度でお腹が空かなければ、私は家に帰りはしなかっただろう。どうしてお腹ばかり空くのか。着たきり雀の満足に洗っていない私の服は言葉にもならないほどだ。顔も洗わない私に「恋人」が、自分の家から盗んできたローションと白粉をくれたが、そっちの方が垢だらけになってしまった。大通りを横切って路地に入ったとき、家主のおじさんが例の八字歩きで近寄ってきた。私は顔を伏せて知らないふりをしてやり過ごした。彼はしばらく前まで某女子高のスクールバスの運転手をしていた。彼は女子高の車で信号停止していたときに、私が「怪しげな路地」に入るのをじっと見つめていたことがある。私をどこかで会ったことがあるな、誰だったかなというような表情で見ていた。それで信号が変わってもスタートしないので、後続車から警笛を鳴らされていた。それほど安い部屋でもないほどの一間に、五年間も暮らしているというのに、彼はいまだに住人のことを、きちんと判別できないようだ。彼は車中からの視線をはずした。お互いにそれが良かったのかもしれない。いや良かったのだ。家主のおじさんでなくても、誰でもそうなのではないのか。ひとが近くで向き合って見つめ合うこと、密着するということ、それほど不便なものはないのだ。私は近頃家族がうっとおしくてならない。だから昨夜も家に帰らなかったのだ。外泊をして翌日の昼も過ごし、見苦しい恰好で家に帰るという、こんな生活は不便でむちゃくちゃだ。けれども不便であっても、心身が疲れた「最後の瞬間」に忍び込むところは、それでも家、いや私の家族が住んでいる玄関わきの小部屋だけなのだ。ひどく曇った日である。ラジオからは曇天にふさわしい湿っぽい葬送曲が流れてくる。長官が死に大統領主治医も亡くなった。北韓がやった仕業だという。大統領を除いて側近の多くが亡くなったらしい。ラジオを聴く母は「気味がわるい」という。恐ろしいものはたくさんある。母の言うとおり「気味がわるくて身震いするもの」たち。

私が身震いしひどく気味がわるいのは、第一に入口の側の便所から漂う匂いだ。部屋から五歩ほどのところに便所があるので、座っているときや立っているとき、食事をしているときや寝ているときに、その匂いを嗅がねばならない。ひょっとすると私は家族がうっとおしくて、厳密にいえば家族の顔を見るのが嫌で部屋を後にするのではなく、その匂いを嗅ぐのが嫌なのかもしれない。そして母が家主の奥さんに、母にはまったく似つかわしくなく、母だけが「洗練された」という下手な都市風の口調で「おばさん、おばさんはあの匂いが気にならないの。私は本当に便所の匂いにぞっとするわ」というのを聞くのが嫌なのかもしれない。いつから母が便所の匂いに「こりごり」したのか。この冬までは田舎の家で下肥をいじっていたのに。母はこの冬、私たちが自炊する光州牛山洞の家の大門の側の部屋に、風呂敷包み一つでやってきた。金貸しに追われた父親はどこかに逃げてしまったので、母は都会の娘たちの自炊部屋に身を避けたのである。いまやわが家はどうなるのか。わが家はすっかり没落してしまった。姉がひとり孤軍奮闘しているが、高速バスの車掌の月給で、あの多額の借金をどうして支払えるというのか。私は早々に自分の生きる道を見い出さねばならない。父も自分だけで暮らそうとして母を捨てて逃げてしまったではないか。母だけ可哀相なことになってしまった。私には不幸な母が負担でならない。昨日も今日も私が外出するのを、母はどこかに働き場を探しに行っていると思っているらしい。話をしたわけではない。昨年の夏にも船に例えれば難破船になってしまったわが家の家計に、少しでも足しになるかと私は「びくつきながら」努力したが、その騒ぎを処理することはできなかった。私の暮らしの一つの記録にしよう、そのときのことをここに書きとめておく。いつか、遙かないつか、あるいはこの記録を見て笑う日も来るだろう、という希望を抱きながら。

ほんとうにおかしいでしょう。今だってその頃と大きなちがいがあるわけではないのに、過ぎ去った日々の断片を見て、過ぎ去った日々が不幸だったのか、幸福だったのかは、今になってみると、それを振り返って見るひとに「興味」を感じさせるものなのでしょうか。私の過去をのぞき見る気分が、胸が痛むとしても楽しいでしょう。その年の夏に、なにがあったのでしょうか。気がかりですか。それでは早くいらっしゃい。そのときの子どもが、今は三〇代後半の中年になって、あなたを待っています。近頃、通りで家出をした子どもたちを見かけることがあるでしょう。最近、子どもたちはしばしば欠損家庭〔両親または片親が欠けた家庭〕、私たちはよく欠損家庭と言うことが多いのですが、その欠損家庭出身でなくても、家出をすると言いますが、私は確かにそのときは欠損家庭の子どもだったようです。それで私は最近、貧しい身なりで街を徘徊する「ストリートチルドレン」をみると、奇妙な同属意識にとらわれます。つまり私がそうだったからでしょう。女の子が家出をすると、まず誘惑するところは酒場であるのは当時も今も同じです。今はどうなのか知りませんが、その当時は酒場の次は家政婦だったようです。家政婦の次は工場労働者、つまり「女子工員」で、その次が姉のようなバスの案内嬢《アンネヤン》〔車掌〕、案内員をどうして案内嬢というのか知りませんが、なぜ私が酒場の次に家政婦、家政婦の次に工場労働者、工場労働者の次に案内嬢と羅列するのか、いまから説明することにいたしましょう。車掌のことを、その頃は高速バスの車掌を案内嬢といいました。ところが市外バスの案内員、車掌は男だったでしょう。男性なのに乗客は口に慣れ親しんだとおり案内嬢、案内嬢と言ったじゃないですか。男性の案内員《アンネウオン》はひどく神経を尖らしていたでしょう。私は男なんだから「案内員」と呼んでくれなどと。その頃、田舎の家に食糧やらキムチを取りに行ったりしていました。母はいつもと変わりなく田舎の家でキムチを漬け、味噌玉を作りました。そしてその年の冬は越さずに、田舎の家を後にしたのです。母は金貸したちが恐ろしくて田舎の家に戻れないので、学校に通わず職場にも行かない私が、田舎の家に行ったり来たりして「食糧運搬」の役を勤めたのです。その日はみぞれの降る天候不順の日でした。それでも夜のうちに家に「侵入」し、食糧と品物をこっそり取り出して荷造りをし、村民の目に付かないように家を離れるというのが、私に与えられた使命だったのです。そうしないと家族が明日の食事にも事欠いてしまうからです。どんなに悪質な金貸しでも、主のいない家にやたらに入り込んで、家財を持ち出したりはしないので、田舎の家ではすべての物がそれぞれの場所に置いてありました。都会の自炊部屋に比べれば、それこそ「暮らしやすく」すべての物がみんな揃っている状態でした。なぜ、このように田舎の家について正確な描写をしているのでしょうか。しきりに思い出が、記憶が押し寄せてきます。私のとりとめのなさをお許しください。あなたに会いたいという思いが、私を少しばかり興奮させているようです。来てくださったら、まず上気した私の頬に少し触れてみて下さいませんか。あつい熱気があなたに伝わるでしょう。その日、案内員のいる市外バスに乗って行きました。乗客の誰かが「おい、案内員！　なぜ車がこんなにガタガタするんだ！」と文句を言い、案内員は「なにしろ天候が良くないですね」などと丁重に乗客の不満をなだめていました。そしてお客サービスにカセットテープをかけました。「花馬車は走っていく。クーニャンの耳飾りは風にぶらぶら、アコーディオンの音が響く。鈴の音が聞こえる」。なんでもそんな歌詞のうたでした。今もバスで見慣れないもの淋しい夜道を走ると、その歌声が幻聴のように聞こえてきたりします。「アコーディオンの音が響く。鈴の音が聞こえる……」。歌声は軽快でしたが中古のバスはガタガタ振動しながら、凍りついた未舗装の道路を這って行きました。それでも乗客たちはそのうたの調べに満足し、それ以上の不満は口に出さずに静かにしていました。案内員の冷たい表情がまだ目に残っています。今は四〇代の中年の父親になっているのでしょうか。早く結婚したのなら孫がいるかもしれません。ともあれ、その日は男の案内員のいるバスに乗って田舎の家に行ったのです。夜に私ひとり、盗人みたいに大きな家の部屋や台所、物置や味噌置き場を探しまわって、食糧や生活用品を風呂敷に包み、その夜は空き家の冷たい部屋で独りで休みました。私は光州に勉学に行く前の中学生のときのように、スタンドの白熱灯を布団で覆って光が外に漏れないようにして、夜っぴて白熱灯に手をかざし、頬に当てたり、足裏に当てたりしました。陽が明るくなると、いや陽が明ける前に食糧と生活用品を背負って、なじんだ故郷の家を後にしなければなりませんでした。なぜ父は借金をしたのでしょうか。耕地がなかったからなのです。この地、この土地の歴史ということなのでしょう。父の場合もそれほど単純なものではなかったのです。つい先日、故郷の村に行ってみるとＩＭＦ事態の影響で、ハウス栽培とか、畜産などを大々的にやっていた同窓生たちが、みんな相保証をし合っていて、どこかに逃げたくても勝手に逃げられないようになっていました。父の場合がそうでした。しかし、父の子どもである私たちも村人たちに合わす顔がありませんでした。実際に農協の貸付けで相保証をした村人たちが、光州の私たちの自炊部屋に押し寄せてきて、お前の夫の行方はどこなんだ、お前の父親のいる場所を言えと胸ぐらを摑んで揺さぶり、私たちの頭をこずいたりしました。そんな渦中にどうして学校に通うことができましょうか。私も姉みたいに一生懸命お金を稼いで父の借金を返さねばならない事態になったのです。けれどもわが家で金を稼ぐのは光州の高速バスの車掌である姉だけ。そしてその姉が貰う給料は、そっくりそのまま借金、借金、利子、利子……。私も何かしなければなりませんでした。本当に金を稼がねばならなかったのです。父からはときおり手紙が来ました。金を稼ぐと生き返り、金があるとわが家には笑いが戻りました。そして私も何かをしようと二〇歳を過ぎた年の夏に、通っていた大学を中退してソウルに向かったのです。これがそのときの記録なのです。

上京記

西の方にある椿茶房に置いてあった『サンデーソウル』で「家政婦求む」という広告を見つけた。なぜその茶房に入ったのかと言うと、誰かに会うためではなく、もちろんコーヒーを飲むためでもなかった。「アルバイト募集」という貼り紙を見つけたからだ。私にはまったくお金がないので、こんな茶房に出入りすることはできない。茶房の主人は私が眼鏡をかけているので採用できないと言った。ひどく気分が滅入り、訪ねたついでにお茶を一杯を飲んでDJが選んでくれた「ワッケンアイト」を終わりまで聴き、テーブルの上にあった『サンデーソウル』を手に持って表に出た。主人がなぜ店の雑誌を持って行くのか、と後ろから追いかけてきて凄い剣幕で怒鳴った。おじさんが採用してくれないから、ここに載っている仕事でもしようと思ってと言うと、彼は舌打ちして店に入っていった。実際のところ、この春にも私は身体の「欠格事由」で、姉が通っている高速バス会社の車掌試験に落っこちてしまった。試験委員が前にずらりと座り、娘たちを並ばせて審査をした。

後ろにまわり、前に並ばせ、スカートを少し引き上げて見たり、笑ってご覧、わきに少し回ってみて、というような審査の結果だった。試験委員の中には、姉が、妹なのでうまくやってくれと、あらかじめ依頼しておいた「車課長」もいたので私は安心していた。けれども合格者リストに私の名前はなかった。姉は車課長のもとに駆けつけて、一度だけは面倒を見てほしいと事情を訴えた。私の妹が就職できなければわが家は破滅だ、もう破滅しているのに何でさらに苦しませるのかとわめいたが、私もひどく腹が立った。車課長はすでに決定したことを、自分が勝手に変えることはできないと冷たく言うのだった。姉は私の頭を小突いた。私は悔しかった。私が姉みたいにスマートでないからか、私が姉みたいに背が高くないからか、私が姉みたいにきれいではないからか。大学一年の一学期中退では高卒と変わらず、高卒の学力で私のような身体条件の女性を採用するところは、工場のほかにはない。私なりの判断で林洞の紡績工場に行ってみた。朴主任というひとが就職希望の娘たちを順番に面接した。ついに私の順番になった。朴主任は私を上から下まで見まわした。「最終学力は?」。私は誇らしげに「全南大学国文科一学年を中退しました」と大声でいった。すると主任は「この履歴書には高卒と書いてあるじゃないか」と私を凝視するのだった。主任は言った。「ともかく一学年中退だとしても、大学生を採用できないことは知っているだろう」。なんにも役に立たない大学一年中退の学力。まったく取り柄のない私の容姿。私は悲観してしまった。いっそどこかで舌を嚙んで死んでしまいたかったが、そうすると私の青春はひどく惨めなものになるではないか、という思いにとらわれた。いつだったか、故郷の村の詩亭の垂木に、こんな詩の一節が書かれているのを発見した。「生きるのは苦しみ、死ぬのは青春なり」。私の身の上そのものではないか。

ともかくその春の精神的打撃は強烈だった。それまで世の中には「家政婦」という職業があることを知らずにいたくらいなのだから。ともあれ世の中は冷酷で、私とわが家が暮らして行くには、姉ひとりを頼るだけでは見込みのないことを私は痛切に感じていた。家政婦だって大切な仕事なんだ。『サンデーソウル』、ありがとう。ソウルへ行こう。私は鈍行列車に乗った。数日前、姉が貰ってきた月給の中から、交通費と少しばかりの旅費を抜き取り、代わりに手紙を入れて自炊部屋を後にしたが、そのときは気持ちがとても爽快だった。衣類を入れる鞄がないので、数日前に見つけておいた西市場の鞄の店に行った。いくら田舎の少女の上京であっても、風呂敷包みを抱えて行くわけにはいかない。監視のすき間を狙って、鞄を一つ「いただく」つもりだった。けれどもその日は鞄店の女主人の警戒がことのほか厳しく、やむなく対価を支払って鞄を買い、風呂敷に包んでおいた衣類を入れ換えて駅に向かった。「恋人」の下宿に電話をかけた。しばらくすると家主のおばさんが、彼はいないと伝えてくれた。いまや彼の恋人役も今日で終わりだ。恨のみ多かった光州の生活は、これで一挙に整理されたようだ。

　そのときはなぜかそのように盗みたかったことが多かったのです。今は私が持っている品物を、みんなひとにあげてしまいたいぐらい、品物が溜まっていくことに対して神経質になっていますが、そのときはですよ、狂ったように盗みをしたかったのです。なぜでしょうか。なにもなかったから。家主のキムチ、味噌、コチュジャンを盗んで食べるのは、別に盗みとは思いもしなかったのです。ご存じのとおり八〇年の五月、光州に、あの「騒ぎ」が起こったじゃないですか。そのときにどんなことが起こったのでしょうか、たぶん大部分の自炊生たちがそうだったのです。光州に通じる西側の道がみな塞がってしまいました。行き来ができない状況で、光州は、光州の市民はまったく孤立したのです。一週間に一度、あるいは月に一度程度、田舎の家から食糧を「提供」してもらって生活していた自炊生は、それこそ餓死状況になっていました。あの頃はガスレンジがまだ出ていないときなので、石油こんろや練炭でご飯を炊いていたのです。五月なので練炭は燃やしはしませんでした。食べ物はすべて石油こんろで調理していたのです。その石油こんろに使う石油までも、家主の家のものをいただいたのです。一軒に自炊生は一人二人ではなく、普通は三〜四人いました。ここも昔は田舎の農家だったでしょう。以前は物置小屋に使ったり、畜舎に使っていた建物にみんな練炭の炊き口を付けて下宿部屋に仕立て、田舎からやってきた学生を置く家が多かったのです。そんな自炊生たちが家主の家の味噌置場や練炭倉庫に出入りして、ちょくちょくいただいて食べたのが「主人の家のもの」だったのは少なくはないでしょう。そんな自炊生下宿のおばさんたちが集まると、いつも嘆いていました。自炊生を何年か受け入れていたら、自分の家の柱の根まで食い潰されてしまうと。それでも、そしてその後も、長い間その頃、その村、その家々に自炊生たちがごちゃごちゃ群がっていました。そして自分の家の味噌やコチュジャンを勝手に盗んだと自炊生たちに顔を赤らめて怒る家主はいませんでした。最近は広域市〔指定都市〕への〔越境〕留学、転学、転勤などは法律で禁止されているでしょう。そんな自炊生がいた頃のことも、いまは昔話となってしまいました、そうでしょう。前にお話をしたときに八〇年五月にどうだったのか、と少し話をしたでしょう。とてもお腹が空きました。姉も職場に行けなくなりました。四方を軍人たちが取り囲んでいるのですから、どうして出て行けますか。出て行ったらどこからか銃弾が飛んできて即死するかもしれないので。お金もありませんでした。お金があったとしても、どこで食糧を求めることができたでしょう。店に出かけてみても、腐っためん類が少しばかり手に入るぐらいで店に売るものはない状態でした。品物が底をついたのです。家主のおばさんが私たちの部屋のドアを叩きました。ご飯を器に一杯、キムチ一皿を持ってきてくれて、市民軍の車に乗ればご飯は食べられると言うのです。ありがとうの挨拶ももどかしく、まずご飯を口にしました。ご飯をがつがつ食べながら「ただですか」と私は尋ねました。おばさんはそうだよと言い、ただでくれたのです。「誰がくれるのですか」、石《ソク》という学生が尋ねました。彼は自炊下宿から近い東新高等学校に通う青年でした。下宿の主人とおばさんはとても道徳観念が徹底した人なので、一軒の家で暮らす自炊生たちの間で、もしや男と女の「問題」が起こりはしないかと、監視が徹底していました。家主というよりは寄宿舎の舎監みたいでした。自炊生同士の往来は徹底して遮断されていましたが、みんなはあの部屋、この部屋と行ったり来たりしながら、こちらの情報をあちらに、あちらの情報をこちらにとやり取りしていたのです。入口近くの部屋の女子学生たちは明日、無等山にハイキングに行くのだけど、男の学生たちはどうするの？　石という学生は明日映画を観にいくけれど、入口近くの学生たちは映画に行かない？　そのおばさんもさぞかし退屈だったのではないでしょうか。映画を観に行くなら私も一緒に連れて行ってと頼んだりしていました。先生と称して自分はただで映画を観て、映画を観てから、そのお返しに腸詰《スンデ》めを買って上げると言うのでした。おばさんの言葉を信じて、本当に市民軍の車に乗りました。ご飯をもらって食べたかったので。そしてご飯を思う存分もらって食べました。食べるだけではなく、孝洞中等学校で市民軍がご飯を炊く釜に火をくべる仕事をしました。飲料水、パンまで「腹一杯」食べました。本当に気持ちまで張り裂けそうな五月でした。まるでお祭りみたいでした。私はこれまでそんなにたくさん食べたことはありません。何でそのように食べ物がたくさんあったのでしょうか。皆の気持ちがそうだったのでしょう。市民軍が残した飲料水、パンを包んできて、家主や自炊部屋の人たちに分けてやりました。食べる物がなくて人心がひどく滅入っていた五月だったので、そう。

石という学生、今ではその名前もすっかり忘れました。たぶん名前の最後が石だったと思います。東新高校の三年生、なになに石だったでしょうか。帰ってはきませんでした。五月二七日の朝、自炊部屋のドアの前が明るかったのです。その朝に限って陽の光が燦然と輝やいていました。前の家、建てたばかりの二階家のスラブの屋上に、二人の軍人が銃を携えて立っていて、私が自炊部屋のドアを開けると、「ヘーイ、娘さん」と言いました。ちょうど照らし始めた陽の光りを受けた銃口の反射で、目の前が白っぽくなりました。二七日、二八日、二九日、三〇日、そして五月が終わっても、上の部屋の学生、あの青年は帰ってきませんでした。おばさんも私も口を閉ざしました。麗水からやってきた青年の母親が、唇を噛んで息子の部屋の品物を片づけていきました。それだけでした。姉は再びソウルと光州を一日に二回以上も往復し、私は大学入試の準備に忙しく、田舎の家では、父が世界銀行の借款かなにかで手に入れた一七頭の乳牛のうちの一〇頭が死んでしまい、中学生のすぐ下の妹は私も来年は光州に勉強に行きたいと言い出し、どうしてもわが家の事情で姉と自分を同時に都会に留学させるのは難しいようだと、日曜日に家に帰った私に涙をみせ、家主の上の部屋には、つい最近結婚した家主の娘夫婦が入り子供が生まれました。八〇年に生まれたその子はいま二〇歳になっているんですよ。そう、二〇歳なんです。歳月は実に早いものです。そのときに生まれた子どもが、もう二〇歳なんですから。そのときの私がいまの私なんです。そのときに生まれた子どもは、今の私をそのときの私としては絶対に見ることはできないのです。歳月の流れを思うとまったく驚いてしまいます。私が生まれたのは六〇年代の前半でした。六・二五戦争〔朝鮮戦争〕が終わって一〇年ぐらいの頃でした。母は六・二五戦争当時、一〇歳だったといいます。一九歳で結婚し、結婚すると間もなく父が軍隊に行ってしまい、六一年に二四歳で姉を生み、六三年に二六歳で私を生みました。私にとっての六・二五戦争は生まれる以前のことで、遙かに遠い昔のことのように思われます。しかし考えてみれば、それほどの昔ではないのです。わずか一〇年なんです。歳月のことを考えると、私は田舎くさくて、母のよく使った言葉によれば「貧しい者の恨」を思い浮かべます。そしてその恨というのは、ほかでもなく私の両親の恨の一生なのです。歳月は本当に冷酷です。そのまま何事もなく流れてしまえばそれまでなのです。「貧しい者の恨」のたぐいをことごとく埋めてしまうでしょう。そして歳月が実に無慈悲であることは「豊かな者の栄光」を物語るものです。それも見事に示すのです。それで最近暴露された「老斤里《ノグンリ》虐殺事件」〔朝鮮戦争当時に、米軍が避難民を大量虐殺したとされる事件〕のような場合は、無慈悲な歳月の性格からなかなか現れなかった「貧しい者の恨」がそれでも現れたわけでしょう。「老斤里」はあの老斤里だけのことでしょうか。私の母方の祖父は四八年に亡くなっているのですが、無念な死だったのです。祖母は今も話をしません。母方の家の村が「堤防谷」なんです、その堤防谷がまさにあの老斤里なのです。こんなに声高に語る私のことを、自分でもこっけいに思います、生まれつきのものなのでしょう。あなたの前ではもう少し落ちついて、もう少ししとやかな姿をお見せしたいのですが、乱れた姿勢から少しは気を取り直しました。でも、あなたはなぜこんなに遅いのですか。そして雨はなぜこんなに降るのでしょう。少しついてないような気がします。不吉に思われる心を鎮めて、ソウルに行ったときに書いた話、題は「上京記」をもう少し続けてみましょうか。

夏の夜の鈍行列車、想像を上まわるほどの混雑ぶりである。七時間ずっと立ったままだった。通路に新聞紙を敷いて座ろうとしても、座る空間がない。空間といえば、私が立っているその場、それだけだ。身動きもできない。明け方に龍山駅《ヨンサン》で降りた。ソウル、話だけで聞いていたソウルだ。名前だけは知っている国際ビルがすぐ前に見えた。陽が明るくなったら電話をかけることにして、待合室の椅子に座って少し寝た。来る前に考えていたほどの怖さは感じられない。いまからお金を稼ぐのだ。なにをして。家政婦をして。追々ソウルになじめば別の仕事も探せるだろう。光州、うんざりだ。私は二度とあのうんざりした、貧しさばかりの全羅道には帰りたくはない。成功するまでは。すべての偉大な「初め」はみなこのように物足りない状態ではじまるのだ。

とうとう明るくなった。駅前広場に出て『サンデーソウル』で見つけたところに電話をかけた。

「もしもし、そちらは家政婦募集という広告を出されたお宅ですか？」

「そうです。そちらは今どこですか？」

「はい、こちらはいま龍山駅の前です。そちらに伺うには、どのように行けばいいのでしょうか」

「ここに来るにはタクシーに乗って光化門の十階建の建物、教育会館の前までと言いなさい。そうすれば私が迎えに出ますから。ところであなたはきれいな顔をしていますか？」

「私ですか？　わかりません。ううん、かわいいですよ」

「いいですよ。眼鏡をかけてさえいなければ、可愛くなくてもかまいません。早くおいでなさい」

「え、それでわたし、私はいま、その……」

「会ってお話しをすることにしましょう」

ガチャン、電話が切れた。たぶん私が言い淀んだので、もどかしくて先に電話を切ったのだろう。ソウルの人たちは利口だというが、たぶん電話を受けたあの女性は普通の女性だったようだ。光州の人ならば、死んでもこのようにポキポキした話し方はしない。慣れない道なんだから、ゆっくり用心してお出でなさい、との言葉もかけずに、冷たく事務的な話だけで電話を受けて切ってしまう女性、彼女は家政婦を募集している斡旋所の経営者なのか。

眼鏡を取ろうかと思ったが、家政婦の仕事をするのに、なぜ眼鏡をかけた者が駄目なのかとうてい理解できないので、成り行きに任せることにし眼鏡をかけたままタクシーに乗る。

タクシーの中でなぜがあんなに眠たかったのか。絶対に寝てはいけないのに。いま私の最初の偉大な歴史が始まろうとする瞬間ではないか。「家政婦として始まり富豪となったなにがしの歴史」という。後日に私の自叙伝の二〇歳の部分は、このようにして始まるのかもしれない。「彼女は龍山駅に降りた。日が明るくなると電話をかけた。彼女の生涯で忘れられない何人かのうちの一人と、いままさに会うことになったのだ。その人はほかでもなく彼女が家政婦になる家の女主人だった」と。

笑いが抑えきれなくなるとくしゃみが出るでしょう。そんなあきれた、いや、とてもありふれていて、あきれたまでにはならないでしょうか。ともあれそんな上京の歴史を持ったたくさんの「田舎娘」は私ばかりなのでしょうか。そしてそんな逸話はごくありふれたものであることを、暮らしをしながら知るようになったのですが、その後の話はたかが知れているではないでしょうか?

そのときはそうでした。あの眼鏡のやつが私の人生を狂わせました。いや、後になって考えてみれば、眼鏡が私を「泥沼から救い出して」くれたのです。泥沼から救い出してくれたというだけでは、眼鏡の方は少し心残りでしょう。そのときに眼鏡をかけてさえいなかったなら、世の果てまで行って別の経験をすることもできたのに。その果てはどこなのでしょうか。その果てのことを思うと、また、身の毛がよだって

……とにかく、そうなのです。白いワンピースを着た美しい女性が出迎えてくれました。彼女は私がタクシーを降りると近寄ってきました。ソウルの人たちは利口だな、と心の中では驚いて眼鏡を取ったりかけたりしました。彼女は私を自分の家に連れて行こうとして、その眼鏡を取ると何ひとつも見えないのかと聞きました。そんなことはないと答えると、それでは眼鏡を取ってご覧といいました。それで眼鏡を取るとまたかけろといいます。それから彼女の家に行きました。教育会館の向かい側、狭い路地に沿って韓屋が並んでいるでしょう。その路地の一番端の家に入って行きました。気分がとても良かったのです。ああ、これがソウルの両班の家なのかと。彼女の案内する部屋に入って、指示されるままひとまずお祈りをしました。彼女がそうしろというので。賛美歌も歌いました。おお主よ、道を失った子羊を私に送って下さり、本当に感謝いたしますとかいう歌です。その日はちょうど日曜日だったのです。ともかく「郷に入れば郷に従え」という言葉どおり、私は彼女の命じるままにするしかなかったのです。ところでその部屋には道を失った子羊が、私のほかに三〜四匹ほどいました。賛美歌が終わって彼女がお腹の空いた羊たちよ、私が食べるものを持ってきてあげよう、と出て行ったすきに便所で用足しをしていると、こんな話が聞こえました。「顔が可愛くなくてもスタイルのいい娘を二人だけあそこに送ってちょうだい」「眼鏡はどうする?」「それを言えというの。眼鏡は絶対に駄目よ」「ついてないわ」。いまもそ

の声が「身の毛がよだつ」ように生々しく思い浮かびます。湖南高速バスターミナルまで、どのようにしてたどり着いたのか記憶にありません。光州に向かった車掌の姉がソウルに到着するまで、そして再び光州に帰るまで、ソウルを、話でだけ聞いていたソウルを思うさま見物しました。それこそ「サンデーソウル」でした。ソウルはただ見物するにはとても良いところでした。本当に堪能しました。

今はもうほじくり返しもしません。過ぎ去ったことを今は別に思い出しもしないのですが、あなたがやって来ないのでつまらなくて。雨は相変わらずですね。あ、あなたでしょうか。いや、ちがいました。ところで、なぜ、あのひとが私の方にやって来るのでしょうか。あなたがよこしたひとなのですか?

私はたった今、あの喫茶店から追い出されてしまいました。あなたが寄越したひとと思って、私はいつもはそんなによくは笑わないのに、口が裂けるほど大声で笑いかけ、私に向かってくるそのひとを見つめていたのです。そのひとが私を見つめて、自分の家の商売の雰囲気を台無しにするにもほどがあるだろう、今日みたいに商売のできる日に、そして商売が繁盛する時間に、中年のアジュマがわずかお茶一杯頼んだだけで、長時間をそして上席を占めて座っているのか、出ていきなさい、と私の背中を押し出すじゃないですか、ああ、まったく。それでもあなたを待とうと、姉の家に遅れそうだと電話すると、今日の祭祀は取消しになったとのこと。夫婦喧嘩でもしたのでしょうか。娘ばかり産んだ両親は、祭祀のお膳も思いどおりに食べられなかったのです。暮らしに恵まれなかった両班は死んでもそうでした、そう。あなた、永遠にやって来ないあなた、そしてすでに私の心の中にいるあなた、私にはいま車掌のいない市外バスに乗って、私が最近住んでいる家のある田舎道を走って行くことだけが残されています。車掌がいなくても、あの歌声はまた聞くことができるかもしれません。「クーニャンの耳飾りはゆらゆら、アコーディオンの音が響いてくる。鈴の音が聞こえる……」。世の中は相変わらず冷たく、歳月は荒々しく流れて行きます。どんなにそうであっても、クーニャンの耳飾りはゆらゆらと揺れ、アコーディオンの音が響いてさえくれれば、それはすばらしい世の中だというわけです。なんと酷いことでしょうか。

〔舘野晳訳〕

(『文学トンネ』第二一号、九九年冬季号)

夕べのゲーム

呉貞姫

　きっと内臓まで透けて見えるのではないかしら。ご飯の炊き汁が吹きこぼれた跡を、最初は濡れた布巾で、次は乾いた布巾でていねいに拭きながら、私は改築された板の間と台所を広々と開けた、いわゆる立式というものを喜んでいるふりで、背中を見せる不安を消そうとしてした。それにしてもガスレンジのあたり、流れたように撒かれた幾つかの斑模様は、小さなしみとして残った。きっと昨年の秋、父が薬を煎じて不注意にこぼした跡にちがいない。当帰〔セリ科の植物〕の根と雨蛙に、黒豆とひき蛙の脂を入れて、火にかけ褐色の泡が沸騰する頃、蜂蜜を入れゆっくり掻き回し、黒いムク〔そば・どんぐりなどの粉末を煮固めた食べ物〕のようになったものを、父は冬中飲み、血がきれいになって便秘がなくなったと言っていた。部屋着のままで、軍用飯盒でコールタール状に真っ黒に固まった液体を、長い木の箸で掻き回している父は、まるで中世の錬金術師のようだった。

　薬を煎じる間ずっと、むかつくような、ひりひりする臭いは、家の隅々に染み付いていて、雨蛙の身と骨は悪臭の煙になって上がり、しまいには死の灰のように重く、べとべとたち込めた。私は貧血と吐き気で荒い息をして、乾いた肌に汚くできたしみとしわで、鏡の前に釘付けになっていた。しみは、変質したストレスとして、記憶より長く残るにちがいない。

あらゆるものが昨日からは確かによくなった。台所棚の時計は五時半を指していて、ご飯は蒸れていたし、キツネ色に焼けた魚からは鱗のこげる煙がかすかに舞っていた。

西向きの窓から入る日差しは、濡れたまな板の疵にはまった滓を探し出し、包丁の光を隠し、流し台の水に屈折して、水の中の沈殿物を浮かび上がらせた。

無理に背伸びをしなくても、視線にあう低くて長い窓から、労役を終了して、原っぱを横切って帰る少年院の少年たちの行列が見えるのは、いつもと変わりなかった。
七、八〇人以上になる彼らは全員、同じような色褪せた灰色の作業服に、同色の帽子を被っていた。囚人服という先入観が作用したせいだろうか、でなければ空き地に吹くにちがいない風を想像したからだろうか、私はいつもだぶだぶな作業服の下の鳥肌が立った、ざらざらした素肌に触れたような寂寞感をもったりもした。端がそろわずに切れた、ぼろ布みたいにひらひらさせて、ゆっくり動いている行列は、セメントで固めた巨大な車輪がのろのろと鈍重に曲がる姿や時には長ったらしい二短調の口笛のようにも感じられた。
行列の前後は一歩程離れ、監視員のように、ジャンパー姿の男が取り巻いていた。

彼らを近くから見たならば、多分私はこの付近に軍人たちの幕舎があるのだろうと何気なく思うだけで、軸もなくのろのろと転がってゆくセメントの車輪か、何の因果もない手で永遠に回る地獄の石臼などと、子供のような空想を働かせることはなかっただろう。

いつのことだったか、私は犬を連れて夕方の散歩に行き、彼らに初めて出くわした。不意に、里山に囲まれた少年院を思い出し、あっ、と意味もなく声を上げて首をすくめ、本能的な羞恥心で犬を引くつなを強く引き、顔をそむけた。行列の真中で、驚いている少年のような顔が私を見ている。何歳なのか分からない少年の瞳は、澄んでいた。単に、制服から感じさせた清新さだったのだろうか、ふくよかな頬に浮かぶ冷たい血色から、不意に感じた自分の老醜に対する意識からだったのだろうか。

少年はたちまち隊列の群れに混じって、私の横を通り過ぎて行った。私は少年の顔をまったく思い出せなかった。もし彼ら全員を一列にして探しても、私は見つけられないだろう。けれども鮮やかな程に澄んだ瞳は強く印象に残った。時間になると毎日、台所の窓からあの少年がいそうなあたりを探す、むなしい努力をするのだった。

彼らが原っぱを通り過ぎる頃、中程で小さな動揺が起こった。一人の少年が抜け出し、靴でも直すように前屈みになった。少年の後ろで急に行列がもたつきまもなく後ろから付いて来たジャンパーの男が近づいて来た。私は何か光るものを、その少年がつまんで袖にすばやく入れてしまったように思った。でなければ、靴の中に隠したのかも知れない。少年は男が近づくと、腰を伸ばし手を払った。彼らはなおも何か言っていたのが、まるで手話でもしているようだった。

【解題】 呉貞姫《オジョンヒ》の両親は、植民地時代には黄海《ファンヘ》道海州《ドヘジュ》で鉄工場を経営していた。解放後の一九四七年に越南し、落ちついたソウルで、彼女は四男三女の五番目として生まれた。一家は朝鮮戦争の勃発で忠清《チュンチョン》南道洪城郡《ナムドホンソン》に避難、休戦後は石油会社の仁川《インチョン》出張所長の職を得た父に従って仁川に移り住んだ。呉貞姫が国民学校二年生のときだった。ここでの少女時代のことは、短篇「中国人街」に生き生きと描かれている。六〇年、梨花女子大付属中学に入学し、入学直後の「四・一九革命」のデモ隊を学校の塀によじ登って見たという。梨花女子高を経て、作家になるつもりで、六六年ソラボル芸大文芸創作科に入学。作家を諦めて仏門に入ろうと思ったり、孤児院の保母を志したりしたが、在学中に「中央日報新春文芸公募」に「玩具店の女」が入選、それ以降次々と作品を発表していった。大学卒業後は大学助手、雑誌社勤務などを経て、七四年に結婚。七八年からは夫が江原大学の教員になったため春川《チュンチョン》市に住んでいる。「夕べのゲーム」（七九年）で李箱《イサン》文学賞、「銅鏡」（八二年）で東仁《トンイン》文学賞を受賞した。

創作集に『火の河』（七七年）、『幼年の庭』（八一年）、『風の魂』（八六年）、『夜会』（九〇年）、『古井戸』（九四年）などがある。寡作ではあるが堅実なベースで、幼年期のこと、若き日の彷徨、妻となり母となってからの、家族に重点をおいた作品などを書き続け、着実に中堅作家としての地歩を固めている。

訳出した「夕べのゲーム」は、作品集『幼年の庭』（八七年、四刷）所収のものである。この作品集には「中国人街」を含め、初期の中・短篇小説八篇が収められている。主人公はすべて女性の〝わたし〟である。ひとりの女性の成長過程を軸にした連作ともいえる。

「中国人街」ほか一編は、幼年期を背景にした一人称形式で、解放、戦争、戦後と続く激動の時代を描き、「夕べのゲーム」は、経済成長によって社会が安定する直前の矛盾や錯誤や疎外を、著者自身の青春の苦悩と重ね合わせて描き出した作品である。兄が失踪している家庭、父親と娘は食卓を囲んでゲームを楽しんでいるふりをしている。すでに母親は亡くなっているが、それは尋常な死ではなく、悲劇的な死であるらしい。娘は母の死の責任が父親にあると思い込み、かたくなに心を閉ざしている。しかし、兄の帰宅を一筋の光明と信じるようになり、次第に父親を受け入れるようになっていく。若い女性の心理が、朴政権下の不安定な時代背景のもとで見事に表現されている。（新木）

男は再び自分の場所に戻り、少年たちは広がった距離を埋めようと急ぎ足になった。もちろん何事もなかったのだろう。実際、日差しが満ちた野原にきらきらした何が起きるのだろうか。

原っぱが尽きた山麓には、ぽつりぽつりすでに半分程完成した、寒くなる前の最後の慌しい手入れをしている家々が建っていた。その宅地の脇で彼らは視界から消えた。ひどく長い口笛も、鈍重な車輪の音も消えた。

私は水道の栓をつまんだ。それからぶくぶくと泡を立てながら渦巻いて、一瞬のうちにこぼれる水を満足そうに眺めた。そうだ、つまった穴は昼に修繕の人が来て直したのだ。流しの穴から水が流れないので、いつも臭気がした。じょうごの形をした圧縮機で何回かポンプで上げると、繊維質のところばかり残った野菜の茎と、髪の毛の塊が出て来た。いつのまにか後ろにいた父は、ほら見ろという表情でしばらく眺めていた。

六時になるところだった。台所の一方の壁に付いている食卓に、習慣のように三人分のさじと箸を置き、慌てて一人分を箸箱に入れた。騒ぎ立てることなく、兄は今日も帰らないのを、確信しながらも手は惰性でしてしまうのだろうか。

「あれ、カササギはどっちを向いて鳴いているんだ?」

父の問いに私は、少年院の少年たちが消えた、原っぱの高いポプラの木を見上げていた。黄色く色づき始めた葉の間や、梢の端でカササギは鳴いていた。

「レンズを落してしまったわ」

私は大きい声で見当違いの答えをした。コンタクトレンズがないと、何も見えないことを知りながらも、父は意地を張って繰り返し言った。

「カササギが鳴いている方に唾を吐きなさい。夕方のカササギは縁起がよくないというから」

「よく見えないの」

「レンズはどうしたんだ。また失くしたのか。だから、使わない時には必ず水につけておけと言ったじゃないか?」

レンズを失くしてしまったというのは嘘だった。眼にきちんと付着したコンタクトレンズを通して、私は梢の端でこちらを見て鳴いている、カササギの夕陽に油を染み込ませたような黒く光る羽や、鋼鉄のように固く見える翼の辺りを、形までくっきりと見ているのだった。

私は日が沈んで暗くなった板の間の椅子に、背中を埋めて座っている父をしばらくしかめっ面をして見ていたが、棚にあるカセットのスイッチを押した。たちまち父に対する怒りは収まった。昼間聞いていたコダーイの管弦楽序奏部が耳許で鳴り響いた。すうすうとテープの回る音は遅くて弱く聞こえた。録音できなかったのかしらと思っていると、突然演奏が始まった。

たぶん、音楽のリクエスト時間だったのかもしれない。ラジオから聞きなれた曲が始まると、私は急にそれを録音することを思いついた。録音機は旧型ソニーで、兄のものだった。

長い間使われずに押し入れに置いていたのを、取り出してほこりを払い、やはり引出しを探して出て来たテープを入れた時、すでに序奏部が終わってしまっていた。古くなったレコードなのか、原音よりも雑音がひどかった。途中で消えないのは、ただ単に面倒だったからだ。一時間用テープは半分も巻かないうちに終わった。

一〇分ほど聞いてスイッチを押して消し、私は少し硬い口調で言った。

「夕食の準備ができました」

耳をほじっていた小指の爪を、親指で払ってから、椅子から勢いよく体を起した父の姿は、気配だけでも充分だった。

便所でざーと水栓をひねって、そして流れる音を壁越しに聞きながら、私はきれいに拭いた食卓を更に布巾で拭いた。

「手拭いはあるか?」

父が水がぽたぽた落ちる手をひらひらさせながら、台所に入ってきた。

「風呂場にあるのをお使いになってください」

「汚くて湿っている」

それは嘘だ。昼に水道を直した修繕の人が使ったものを、新しいものにしたからだった。

カササギは相変わらず、ポプラの木のてっぺんでしきりに鳴いていた。

父はとうとう鳴き声が気になるのか、窓から目をやりながら

「やっぱり台所の場所を間違えた。夕陽が入るのは良くない」と、独り言のようにつぶやいた。

父は二年前に胃を半分切ってから、ひどく食事に時間がかかるようになった。私はできるだけゆっくり食べようと神経を使っても、いつも父が食事を半分もしないうちに、箸を置くようになっていた。

日差しが徐々に傾いて、いつのまにか門の辺りに一筋の薄い線だけ残った。それもすぐに染み込むように消えてしまうだろう。

食べ物を嚙む度に頑強な顎の骨と、無力に伸びた首筋の皺がその影に潜んでいるのを、私は何故か切なく思い眺めていた。

秋の日は短く、暮れるのかと思うとたちまちのうちに暗闇になった。

「電気をつけますか?」

私は骨をとった焼き魚を父の前に差し出しながら聞いた。

「汁がぬるい」

私はガスの火を点けて汁の鍋をかけた。闇の中で、いつも同じ姿で青白く燃えるガスの炎、それはいつも魔法の火を連想させる。しゅっしゅ……。熱気がなくなった金属の反射のように冷たい炎。

父の顔は暗闇のために少し沈鬱に見え、先の尖った鼻はいっそう長く見えた。私の顔もやはりそう見えるのだろうというのが、私を理由もなく苛立たせた。

温めた汁の蓋を食卓に置いて私は、わざと静かに起ちテープのスイッチを押した。チェロとバイオリンの競う賑やかな旋律に父は、首を上げ下げした。アンダンテの三楽章が始まった。父はまるで刻み込むように、ゆっくり少しずつ汁を飲んだ。

音楽が終わり空のテープが回った。一時間用のテープはすぐに無くなり、中止スイッチが上がるはずだ。

「水をくれ」

食事が終わった父は、ゲップをしながらコップを差し出した。

コップに水を注ぎながら、私はびくっと反射的に振り返り、板の間の方を見た。

気配もなく、がらがらした陰気な夜じゅうの喫煙でしわがれた、けれども聞き慣れたあの声が聞こえてきた。

凝った趣味や興味とは一線を画してきた彼のただ一つの道楽が、銃だった。あらゆるものが寝静まるのを待って裸になり、五連発の弾を装塡した銃を耳元に当てるのは、単純な緊迫感と自由を愛したからだった。いや自由ではなく遊びにちがいない。引き金を指にかけて、誰かが不意にドアーを開ければ、ひょっとしてどこからか覗き見る目を発見したならば、あるいは思いがけず背中の辺りを蚊に喰われたならば、自分の意志とは関係なく、ほとんど反射的に引き金を引いてしまうかも知れない、という考えに至ると、頭の血管は数万ボルトの電流で充塡され……。

訪問客は突然消えた。父と私は同時に、三人用の食卓の空いている席を眺めた。空のテープは再びすうすう回っていた。私は全部のコップに水を注いだ。

それが兄の声と確信するまでに少し時間がかかった。

再生された声はすべてそうなのだろうか。兄の声はまるで死者の魂のように遠方から、しかも奇妙な切迫感で私たちを訪ねてきた。

兄は時折、自分が書いた文章を録音して聞いてみる癖があった。けれども処理はいつもきれいにしてあったので、消さないで残した部分があるなんて考えられなかった。

「電気つけましょうか？」

すうすう回っていたテープがすっかり巻かれ、がたんと中止スイッチがはねると、私は急に訪れた闇に目をぱちぱちさせながら、用心深く父に聞いた。

ランプ形のスタンドの光で食卓は、出し抜けに浮かんだ冷蔵庫、食器棚、布切れを張った壁、まるで暗転した舞台の小道具のようにスタンドの影に消えた。

父はがらがらうがいをしてから、部屋に行き花札を持って来た。私が食卓を片付ける間も我慢できず、いらいらしながら神経質に花札を始めた。

円い灯りに、ぶくぶくしたセーターを着た分厚い胸が、壁に巨大な影を作った。

「すっかり日が暮れたのに、何のために運を占うの？」

がちゃがちゃと食器を洗いながら、私は聞いた。

「日が暮れたんだから、終わったんじゃないか」

終わらないじゃないの！　何よ！　心の中で反問しながらも、いつもの口調でいつもとちがう暗示を探ろうと過敏になっているのが、滑稽になった。

洗った器を食器棚に入れ、エプロンを脱ぎながら振り向くと、父は並べていた花札を集めていた。

「何がでたの？」

「客の運だよ」

父は関心なさそうに言った。

「果物をむきましょうか？」

「コーヒーが飲みたいね」

父のつり上がった目から苛立ちが見えた。早く私に座れというのだ。私は水を火にかけてから向かいあった。

「おまえからするかい？」

「どうして、親を決めなくてはね」

私は父が積み上げた花札をたっぷり取った。五点の梅だった。父が黒い萩のカスを見せながら、私に花札を差し出した。分厚く膨らんでいた四八枚の花札は、もう片手一杯に握られていた。使いに使って、最初のあのさらさら流れるような新鮮な感触はもうなく、湿っぽくべとべとして手の平にぴたっとついた。

「よく切らなくちゃならない。手を見ていたら、束になっちゃうだろうし……。止めた。あまりやるともとに戻ってしまうというからな」

自分の手から目を離さないでいた父は、裏返しになった一番上の花札を軽くはじくふりをして取った。

私はまず一枚ずつ順順に分けることで、役に立たないカスが重なるのを恐れる父のいらいらを和らげた。

「湯が沸騰している」

父は自分の取り分である一〇枚が全部集まるまで裏返しにしたまま、花札を手にしない。

やかんの口からシュッシュと湯気が上った。

私は花札を手放して、用意したカップに湯を注いだ。スプーンで掻き混ぜている間、父は裏返しにした私の札を盗み見ているにちがいない。

「私のにはサッカリンを入れろよ」

「分かりました」

父はそう注意しなくても、私が砂糖を入れないのをもちろん知っている。単に私の手を盗み見るのを隠蔽するだけのことだ。

父は定期的にインシュリンを注射しなければならない、重症患者だった。冬の間ずっと、独特の処方箋で秘薬を長期服用しても、毎朝便器には黄色い泡が混じる糖質の小便が溜まっていて、父はそこに憂鬱な表情で検査用テープの先を浸したりした。

カップを持って食卓に戻り、私が自分の花札を集めているのを見てやっと父は、自分の札全部を握り、古くなった扇を開くかのように用心深く一枚ずつ広げた。父の口許から満足そうな笑みがこぼれた。食卓には八枚の花札が華やかに並べられた。

「夕日には畠だな。畠がいくら肥えていても、蒔いた種が無かったら、どうするんだ」

父が横目で私の札をじろりと見た。私も花札を握りしめたまま、固く陣を張った父の手を覗き込んだ。敢えて覗き見るまでもなかった。裏側を見ただけでも何の札であるか、はっきり分かるからだ。父もやはり同じだろう。横に斜線があるのは、蘭の五点、左の隅が丸く擦れているのは牡丹のカス、右の角が破れているのは猪がいる赤い萩の一〇点である。裏返しの札を持っているよりは、絵のある表を互いに相手に見せる方が、トリックが可能なほど、父と私は花札の裏面に慣れているのだ。

「赤短、青短、七短、四光〔すべて役の名〕みんなありだ」

「もちろんよ」

青帯を巻いた牡丹五点も、紅葉一〇点も握っている父の目が留まっているのは、食卓に並べられている八月の坊主の二〇点だった。そしておとなしく伏せて、探し出されるのを待っているのはやはり坊主のカスだ。いきなり二〇点を取って、カスを裏返しで合わせて集めるのが、きまり悪くて陰険にふるまっているのだ。父はいつもそうだった。しばらく思案の末、本当にもうやるしかないというように、くやしそうに二〇点の坊主を取って、裏側で合わせせかっさらった。

「もう二〇点なのね。お父さんは度胸がよいから、四光をなさるのでしょう?」

私は恥を度胸と替えて言った。父が子供のように口を大きく開けて無邪気に笑った。

私はぱあっと投げるように五点の赤い萩を取った。

「七短をするだろう」

「一枚だけよ。思う通りにいかないわよ。持っているものがないのだから」

けれども紅葉を割って、父が持っている牡丹の青短を出させなくちゃ、そのまま三役を駄目にするか、でなければしなくてはなどという計算で頭の中は忙しかった。

「千点の賭けにしようか?」

「いいわよ」

秋が深まり夜が長くなると、千点の賭け程度ではすまなくなるのだ。

頭上から、かたっかたという足音が聞こえてきた。つづいてしきりにむずかる赤ん坊の声と、なだめる女のつぶやくような低い子守唄が聞こえてきた。

窓は墨をつけたように真っ暗になり、灯の下で父と私は、暗闇の中に果てしなく沈んでいくようだった。私たちはあたかも遠い昔からこうして食卓に向いあって、花札で遊んできたにちがいない。それ以前の記憶は、まるで幼い頃の夢のように現実と空想が交差し、遠い日のようにおぼろげだった。手が詰まったり、思い通りにいかないと一度は便所に行く賭博師風に、兄は自分の札を占うためにこっそり席を起つのだった。

「夜に泣くのは良くないんだ。赤ん坊が大騒ぎすると、必ず家の中に良くないことが起こるんだから」

「私もひどく泣いたというんでしょう?」

菊のカスを集めながら、父の言葉を待った。

ちゃんと眠った、私の子供は夜じゅうやすらかに寝た、朝の日差しが窓辺に近づくまでね、

「おまえのお母さんは声が良かった」

それは事実だった。幼稚園の保母だった母は、とてもたくさんの歌を知っていたし、声が美しくそれだけに歌が好きだった。

ねんねん私の子よ、大事な大事な良い子よ、宝石のような瞳を閉じて、星のような瞳を閉じて、夢の国へお行きなさい。

「おまえの番だ」

父もやはりまた子守唄に耳を傾けていたらしく突然苛立って言った。屋根の上で女は決してあわてる必要がないメトロノームの動きのように、正確にベランダの一方から一方のベランダを行き来している。

四カ月前だったろうか、新しく二階に移って来た女を見たのは、指を折って数えられる頃だ。二階に上り下りする階段は外側にあったし、また、借りている人は脇門から利用することになっているので、会うことがほとんどなかったのだ。

けれども癇の強い子供は、日が暮れようとすると泣き始め、私たちが花札をしている間じゅう、深夜になってもその女は低い単調な歌で泣く子をなだめ、頭の上で足音がしているのであった。

手に持っていた三枚の花札を順に思案していたが、父が持っているカスの桐を横目に一〇点の桐を放るように出した。待ってましたとばかりすばやくそれを持っていきながら、父は嬉しさを体中で表わした。

「最初の点は駄目な点というし……」

「灯りが少し暗い、トランスを使わなくてはならないか」

「視力が落ちたせいでしょう」

父と私は古びてぼろぼろになった脚本で、たえず芝居をしていた。それぞれ一〇枚の花札で陣を張りながら、天気を心配し、健康を案じたり、すべての人の幸せに気を使い、新聞の社会面やテレビニュースの不正確さと、お粗末な情報網の世相を慨嘆した。

「今まで何をしていたんだ。元どころか薬代にもならない」

私は手を伸ばして父がした役と短、それから点を計算した。父がびっくり仰天して手を叩いた。

「勝負をつける前に他人のものを見るなんて一体なんだ。私のしたことが無駄になる」

「終わったのよどうしたの、私は全部無くなったわ」

最後の札を出すや、父は一〇点の桜を意気揚揚として投げながら、その場の花札を手中にした。

「手に持ったものがないなら、親も駄目だね。次の手も合わないんだろうから」

私は紙切れに点数を書き入れ、花札を集め父の前に置いた。それから父が花札を混ぜる間、板の間に置かれたテレビをつけた。画面は煙で曇ったようになり、忙しく動く人々の姿が影のようにしばらく止まったりしていて、画面から消えた。

「電圧が低くてきちんと映らないんだよ。一体また、何が起きたというんだ」

「乳児院で火事があったんですって、幼い子供たちが焼け死んだらしい」

「殺し屋たちめ、長く生きるのは恥だ」

父の声に生気が蘇った。

「それいったい私たちのせい」

私は父の話を押さえ込むように、間に入り低い声で言った。本当にそれは私たちのせいなのか。ねんねんねんねん、大事なかわいい赤ちゃん、母は花のピンを挿して子守唄を歌った。おまえの母さんはたくさんの子を生むのは無理だった。とても小柄な女性だったから。

「あれ、花札がはさまれているんじゃないの?」

ビニールの間仕切りが半分以上破れ、その隙間にはさまれた、もう一つの花札を指しながら、私は少しとげとげしく言った。

「あまりに長く使ったから、新しいものに換えなくてはね」

父は花札を抜きながら、にんまりとした。子供の魂が使われたんだ。話にもならないわ。あのでたらめ祈禱院に置くのではなかった。伝道師でもシャーマンでもない男は、母を桃の枝で打ち据えた。助けて、赤ん坊が生まれる助けて、家に帰ってからも、母は桃の枝の恐怖から逃れられなかった。

おまえの父さんの生活が乱れていたからなんだ。頭が水袋のように柔らかく、大きく膨らんでた、軟骨体の赤ん坊を指しながら、母は早熟な中学生だった兄にまるで歌でも歌うように言った。ランドセルの紐が切れて、ぱたぱたさせながら家に帰ると、母は陽光がまぶしい窓辺に鏡を置いて、座ったまま髪をとかしていた。赤ん坊は? 私が聞くと母はつららのように冷たい指をうなじに当てて言った。人形を買ってあげるから。病院から護送車が来た時母は、食卓の下に這って入った。赤ん坊、私は嫌いよ、やめてください、そして護送しに来た人たちに、すばやく肩を持ち上げられて出て行った。私が見えなくなるまで、首を捩じらせ、振り返りながら叫んだ。どうして泣くの、泣かないで、ひどいことをしたと思わないんですか? 何を言ってるんだ、他に方法があったのか。おまえはまだ幼かったしそれに、何かしでかすかも知れなかった。赤ん坊もあのようにいなくなったんじゃないかって? おまえはまるで母さんがあのようになったのは、みんな私のせいだというんだな。よく面倒見て差し上げることもできた。むしろおまえの母さんには、あそこが気楽な所なんだよ。友達もいるし、家族というものは考えている程大事なものではない。おまえも内心は母さんに身近で会えないのを、幸いと思っているんじゃないか? 昔はいつも、おまえの縁談がこわれるのも、母さんのせいだと怨んでいたもの。私は顔をしかめた。父は花札の裏側に引かれた横線を、爪で引掻いて消そうと、無駄な努力をしていた。

「早く分けて」

「よーし」

父が一枚ずつ花札を分けた。

ああした兆しはおまえを生んだ時からあった。まともだったのはおまえの兄さんの時だけだった。

「何かできそうかな?」

雨の二〇点を裏返しで合わせ父が私に手渡して見せた。

「覆水盆にかえらずでしょう?」

ことわざを引きながら、私はふと耳を傾けた。原っぱから口笛が聞こえてくるようだ。でなければ風に潜んでいた、枯れてしまった花の匂いが鼻を揺すっていったようだ。そんなはずがない。私は首を横に振った。

「どうしたの、全然思ったようにならないじゃないか?」

「とんでもない」

少年が口笛を吹いて私を訪ねてきたのは、一〇年前のことなのか、それとももっと昔の夢の中なのだろうか。深夜、原っぱを横切ってくる口笛に、ドアーを開けて出て見ると、少年は枯れた花の匂いを漂わせていた。少年が来ないようになっても、私は時々れんげの花が咲く畦道を、一九歳のあの少年と並んで歩く夢を見た。たいていはパジャマ姿に、髪に赤いリボンをつけていたのだけれど、いつも風が吹いてきてどこからか、かすかに花の香りがしてきた。脱いだままの足の下から、柔らかな土がみみずでもいて滑るように動いた。雲雀の鳴き声は空をおおい、少年は目をぱちぱちさせて私に言った。リボンは似合わないよ。そう私は赤いリボンをつけるには、あまりにも年を取りすぎていた。狂人か娼婦だけだ。蝶を捕まえに行こう。少年は澄んだ目で私を見た。おまえの母さんは蝶のようだった。私は父の指の間から風車のように回っている花札の桜を見た。

「手堅い札を持っていくんだな」

「とことん取られるなら、私に何を取れっていうの?」

兄はどこにいるのだろうか。あいつの話はするな。父は癇癪を起こした。あいつが事を起こすまでは、すべてが順調だった。父は二人でする花札が、三人でする花札よりも面白くないから、兄の不在を怒っているのだろうか。汚いゲームだな。ある日、兄が急に食卓を叩いて起ち上がり、ぴーんと張った線の先を放してしまった時、三角の構図が壊れ、父と私は力の反動でひどくよろけてしまった。

私も兄のようにふらっと家を出られるだろうか。沈没する船から救命チョッキを着て、決死的に脱出するように逃げられるだろうか。私は鷹の札を取ろうか、七短を壊そうか、緊張した父の顔を改めて見た。細長い顔に鷹のような曲がった鼻は、頬が削げるのにしたがって、一層長く見えてきた。赤ん坊よ、私を連れていって。ここは怖くて寂しい。けれどもどこでも同じよ。花札が父の手から私の手に移っていった。

「犬の足にもひや汗が出る」〔運がいいなの意味〕

続けざまに二度も勝つと父は、意地悪そうな顔で品が悪いいやみを言った。

私は必死で花札をする場に漂っている、じめじめした雰囲気を意識すまいと、すばやく手を動かした。父の手はいつも汗でべとべとしていた。

最後の札の菊のカスを仕方なく放り出すと、父は意気揚々として札を掻き集めた。

「やった、四光だ。おまえは何をしてたんだ」

私は紙切れに父の得点を、その無意味な数字を書き入れた。テレビで一〇時の「幸福ショー」が始まった。父の点が千点を超えると、私は花札を終わりにした。

「薬を飲まれなくてはね」

私はテーブルの角を掴みふらついた。

「どうしたんだ?」

花札をやめた父は、変に老いて陰鬱に見えた。鼻はいっそう長く伸びほとんど鼻の下を覆い、唇についているようだった。

「目眩がするんです」

遠くから口笛が聞こえた。すうすうっと頭の血管ががんーと空いてしまうような、悪性貧血の時も、幻聴はいつも口笛だった。

「どんな奴が夜中に口笛を吹くのか。とんでもない世の中だ。早く家に入らなくちゃ。不良やら流れ者やらおかしな奴等がうろついているんだから……」

父の手は癖のように花札を触った。すると何気なく手を見る私の視線を意識しながら、自然に体を縮めてポケットから紙切れを取り出した。

「これをご覧。もう何日もポストにあったんだ。日付が過ぎたらよけいな金を払うのを知ってるだろう。仕事というのはすぐに処理してこそ、後腐れがないんだよ。どうして電気料金がこう多くなったのか分からない。電気は使い方によっていくらでも節約できる」

父はいつだったか電気料金に加算料を払ったものを、探し出したのだ。

「冷蔵庫はもう使ってないわ」

つまらないことだ、と思いながらも私は怒って少し震える声で答えた。

電気料金告知書が数カ月間ポストに眠っていたというのが、父の言い分だ。父は一日に十度はポストを開けて見るのだった。一カ月に一度飛び込む電気や水道税告知書以外は、決してどんな手紙もたまったことはない。いつもお腹がすいているように口をぽかんと開けているポストの前で、無駄な手つきでうろついている父を、私は共犯者同士の敵意と親密感、そしていつも準備されている背反とで、ひそかに見届けなくなっていたのか。

父は告知書を食卓の隅に放り投げてから、堂々と花札を手にした。そしてピラミッド型に並べ始めた。私は向かい側に座り、顎を手で突いて、並べている花札を一枚ずつめくっていく父の手を眺めた。父は花札ひとつでもって、一人でできるあらゆるゲームを知っている。

「何が出たんですか?」

「恋愛運が出て遊行運が出た」

父は不意にやさしく、しかし陰気な目つきで私を見た。

「まだ目眩がするのか? 疲れているようだ。行って寝なさい」

原っぱを突進してくる口笛は、闇を通り抜けいっそうはっきりと聞こえてきた。どうしても花札を新しく一式揃えなくては、手を知ってやるゲームは面白くない。

行ったり来たりしていた女の足音は、頭の上でしばらく止まり遠くなっていった。

「夜じゅうおぶって寝かせるようだ。悪い癖になってしまった」

私は大きな欠伸をしながら目をこすった。

「先に休みます。あまり遅くにならないでくださいね。薬はここにあります。戸締りは私がしますから」

私は大きな足音を立てながら便所に入った。水を激しく出して、長い間手を洗った。それから、父が振り返ることが決してないのを分かりながらも、台所から漏れる灯りを避け、足音を忍ばせ壁に体を付けて歩いた。

玄関のドアーは音もなく開いた。踏み石をひとつずつ跳びながら門を出た。まだ子守唄をぶつぶつ言って、二階のベランダを行ったり来たりしている女の視線を、気にしながら塀に沿って歩いた。

原っぱが尽きるあたり、里山の平坦な斜面の住宅工事現場は、夜も工事をしているのか、点々と焚き火が燃えていた。冬が来る前に終えなければならない工事を急いでいるのだろうか。

私は必死で、焚き火とわびしくぶら下がった裸電球の灯りを遠くに見ながら歩を早めた。

半分程作られた家の脇、頭の高さまで積まれたレンガと砂の山の間に、彼は立っていた。

「待っていたんだ。ちょっと遅かったね」

遠くから歩いて来るのを見ていた彼は、私に振り向きもしないで、足で砂の山を突きながら言った。

「昨日と同じよ」

私はまるでベールの中で言うように低く囁いた。

「来るだろうと思ってわざわざ仕事を早く終わりにした」

彼の声は酒気を帯びていた。霧が降るのだろうか。砂の山はたちまち湿っぽい寒気が染み込んでいった。彼はしばらく迷ってから手を握った。手の内側の節々にできているたこは鉄片のように固かった。大きくて頑丈な手だ。昼間なら多分ひどく汚くて荒々しい手であるにちがいない。

「ここは寒いし、家が空いている。夜警はちょうど酒場でくだをまいている最中だ」

酒気を帯びているのに、興奮のせいか彼は震えていた。

彼の手はたちまち湿っぽい汗に満ちてきた。私は手を握られたまま、壊れたレンガと角材の端切れを踏みながら、家に入った。ちきしょう、彼は品悪く言った。

「何？」

「配線工事ができてないんだ」

中は両側の壁を半分以上占めた枠だけの窓と、吹き抜けになった屋根でそれ程暗くはなかった。彼は鉋屑と角材の切れ端を足でずるずると引いて片付け、場所を空けた。

ぎこちない手がセーターの袖に喰いこんだ。彼は震えていた。そして興奮を恥じるように、ひどく性急になった。セーターの二つ目のボタンをはずすのにしくじると、彼はちきしょうと言いながらセーターを捲り上げた。私は息を殺していたのに、足の内側から鳥肌が立ってきた。腋の下までの素肌には、セメントの床は痛くなるほど冷たく、背中を丸めた。彼が作業服の上着を背中に当てた。吹き抜けの空から大きくて澄んだ、星が目の上に舞い降りた。夜の闇からはいつも枯れた花の匂いがした。アンドロメダ、オリオン、カシオペア、大熊、君の星座は何だっけ、さそり座。あなたは壁がとても厚くて、小さな窓がある家を持つようになって、カーセックスを楽しむ。内気で内省的でいつもロマンチックな愛を夢見る。花は似合わないよ。そう花を挿すのにはあまりにも年を取ったの。狂った女や娼婦でなければ、髪に花を挿さない。

「寒くなっていくね。もっと寒くなると、一カ所にはいられない。工事を終えようとすれば、半月以上はかかるよ。けれどその時まではそれ程寒くならないだろう」

彼はそうしなければならないことのように、私の髪を撫でながら言った。

「寒いのは嫌いよ」

私はくすっと笑った。

「それ以外はいいの？　あなたは気の多い未亡人なの？」

彼もくっくと笑った。

遠くから大勢の人たちのがなり立てる歌声が聞こえてきた。

「みんながもう帰ってきた」

彼は起き上がり、背中に当てた上着を振り払い肩に掛けた。レンガと砂の山の間に立って彼が聞いた。

「明日も来るの？」

「お金、少しちょうだい」

彼はびくりとした。私はついでに続けた。

「体の調子が良くなくて薬を飲まなくちゃならないの、たくさんというんじゃないの」

彼はぺっぺっと唾を吐いて、低くこの野郎と呟いた。

「最初からおとなしくしてたんだし、税金がかからない商売だから安くするわ」

彼はがさがさして煙草を取り出して口にくわえ、火をつけるふりをしてマッチを擦り、長く昇る炎を私の顔に近づけた。私は炎を見ながら、ずうっと口を開けたまま笑って見せた。

「ちぇ、旬が過ぎた商売だな。今日はない。あさってが勘定だから、その気があるならそのとき来いよ」

彼はひどく気分を害したらしく、やたらに唾を吐いた。私は急ぎ足になった。酒に酔った労務者たちが肩をぶつからせながら、通り過ぎて行った。

門は開けたままだった。二階の女はまだむずかる子供に子守唄を呟きながら、ベランダをうろついていた。そっと玄関を開けて入り、私は体に沁みついた冷気を手で払った。父は相変わらず食卓に座って、花札をしていた。

「何が出たの?」

「恋愛運だ。早く寝なさい」

父は振り向きもしないで、軽やかに花札を打った。

部屋に入り灯りのスイッチを押してから、何も手がつかず灯りを見上げてばかりいた。それから思い出したように、机の引出しを開けた。

赤ちゃん、私を連れて行って、ここは恐くて淋しい。母はたったいま、文章を書き始めた子供のように、大きく乱れた文字で悲鳴を上げていた。そして余白ごとに胴体のないボールのような丸い頭と、木の枝のように伸ばした腕と足で逆立ちをした人々を描いていた。私は紙の包みを鼻に付けて、あのかすかに蘇る、枯れた花の匂いを吸い込んだ。飾りのないペンダントの蓋を開けると、白髪混じりの灰色の髪からもまた枯れた花の匂いが漂ってきた。私たちが着くやいなや、待ってましたとばかり棺の蓋に釘が打たれた。その音は想像していたように、堂々とした音ではなかった。死臭が漂い始めた母からはやはり、煙のように目に沁みる花の匂いがした。ひどく汚かった。ずっと寝ていて入浴してなくても香水は必ずつけていた。もともとは贅沢で虚栄心が強かったのだから。だとすると、肌の垢と混じりあった香水の匂いだろうか。

私は冷たい床に身を横たえた。父はまだ部屋に入る気配がないので、私は空き家でのように、スカートを上げ、セーターを腋の下までたくし上げた。軽やかな足音で相変わらず子供を眠らせるようとする女の足音は、頭の上から聞こえてきた。大事な大事なこの世で一番かわいい子供。私は横になったまま、手を伸ばしてスイッチを消した。部屋は静謐な闇に沈んだ。やがて家のすべてが泥沼のように暗闇の中にきしみながら、ゆるやかに潜り始めた。女は沈没する船のマストに挿した、救助を求める古い布切れのように、夜通しむなしくはためいている。私は押された水圧で、自分の身が散り散りに解体されそうな切迫感に口を開けて苦しい息を吐き、ふと男が擦るマッチの炎の時のように口を長く開けたまま、かすかに笑ってみた。

〔新木厚子訳〕

(『文学思想』一九七九年一月号、『幼年の庭』文学と知性社)

編集後記

●おかげさまで、〈新韓国読本〉も一〇冊目をむかえることができました。九冊目を出してから少し時間がかかりましたが、インタビュー特集という新しい形に挑戦し、それなりの中身を出せたのではないかと思います。第一線で活躍するお忙しい皆さんがインタビューに応じてくださったことに、あらためて感謝します。〈新韓国読本〉シリーズもここで一区切りをつけ、新しい形で二一世紀に読者の皆さんと再会すべく、しばらく充電期間を持つ予定です。

なお、インタビューの準備にあたって『ハンギョレ』文化部のキム・ボグン記者から大変お世話になりました。記して感謝いたします。また、二〇〇〇年のうちに日本で公開されるチャン・ユニョン監督の「テル・ミー・サムシング」も是非ご覧ください。

（仁科）

●〈新韓国読本〉の第10号をお届けします。第1号が出たのは九四年二月でしたから、六年三ヵ月で一〇冊、七ヵ月半に一冊ずつ出してきた計算になります。一年に二冊刊行するという約束は果たせませんでしたが、ともかく二〇世紀のうちに一区切りつけることができました。読者の皆さん、韓国・日本の著者・ライター、サポート役の韓国の出版・雑誌社の方々、そして大勢の翻訳担当者などが、惜しみない協力をしてくださったおかげです。

たまたま本誌第1号に、私は『風の丘を越えて』を日本で公開してほしい、「もっと知りたい韓国文化」と書きました。それが今では日本でも『シュリ』が多くの観客を集め、韓国では映画『ラブレター』や日韓混成バンド「Y2K」が話題をさらっています。そして韓国行きの航空機はいつも混んでいて希望日に席を確保できないほどです。金大中政権になってから、両国民の交流がいろいろな面で進んだことは疑いない事実でしょう。ここで「日韓交流の増加にともなって〈新韓国読本〉の販売部数も飛躍的に増えました」と報告できないのは残念ですが、それでも本書が韓国の庶民生活や韓国人の心のうちを、伝えるために努力してきたことを評価してくれる人たちも現れています。韓国関係のガイドブックなどに、参考文献として〈新韓国読本〉が挙がっているのを見て「やはり見る目を持つ人はいるのだな」と励まされました。なお、第1号を除き残部があるようです。この機会に注文して読んでいただければ幸いです。では皆さん、本当にありがとうございました。

（舘野）

新韓国読本・総目次（1号～9号）

第1号（一九九四年二月）

第2号（一九九四年一一月）

韓国の女たち　仕事・子育て・フェミニズム

［女たちは働きたい］
韓国ＯＬ物語――**権ヨンイム**（仁科健一訳）
働く母の姿に育てられて――**尹ソヨン**（小園弥生訳）
私の「嫁暮らし」、姑の「姑暮らし」――**崔ソンジュ**（神谷丹路訳）
お正月がこわい！――**李ユラ**（武村みやこ訳）
ソウル大学セクハラ裁判――**仁科健一**
［子育てをどうする］
ともにする子育ての話――**辺ジェラン**（神谷丹路訳）
『パンチョギの子育て日記』より――**崔ジョンヒョン**（仁科健一訳）
「できのいい夫」と暮らすには――**辺ジェラン**（武村みやこ訳）
あやうい子育てもまた楽し――**金ヨンチョル**（神谷丹路訳）
思春期の娘にレッスン！――**趙ヘジョン**（武村みやこ訳）
［フェミニズム　自分を生きる］
自分自身を克服するあゆみ――**李ギョンヒ**（石田美智代訳）
私のシングルズ宣言――**安ヒオク**（武村みやこ訳）
どうしてフェミニズムを描くのか？――**孔枝泳**（小園弥生訳）
韓国映画・演劇とフェミニズム――**仁科健一**
「貞操に関する罪」にもの申す女たち――**小園弥生**
［コラム］
女房のパンツを洗う男――**神谷丹路**
一家三人バイクで出勤――**小園弥生**
韓国の書店カバー――**中西晴代**
北京で買った朝鮮図書――**舘野晳**
韓国甕器事情――**上野善弘**
公共図書館の韓国図書――**斉藤進**
［歴史を見なおす］
処刑された李承晩の政敵とアメリカ――**オ・ヨンホ**（磯崎典世訳）
未完の南北対話―北の密使・黄泰成――**シン・ジュンヨン**（呉輝邦訳）
［小説］
みちづれ――**尹静慕**（舘野晳訳）
藤の花――**金永顕**（井上敦子訳）

第3号（一九九五年七月）

韓国新世代事情　コリアン・シンセデ・カルチャー

第4号（一九九六年三月）

第5号（一九九六年一一月）

異邦の韓国人・韓国の異邦人

第6号（一九九七年六月）

第7号（一九九八年二月）

第8号（一九九八年一〇月）

韓国の福祉・希望と現実

［お年寄りは悲しい］

痴呆の祖母と私――李柱香（仁科健一訳）

「親不孝」はつくられる
――キム・ギョンム／クォン・テホ（加藤美蘭訳）

老いを生きる―福祉センターの日々
――チョン・ジンファン（井上敦子訳）

お年寄り、大いに語る――李在植（舘野晳訳）

韓国のシルバー産業――石坂浩一

［障害者が生きる］

障害者のサムルは響く――ユ・ガンムン（舘野晳訳）

脳性マヒのタクシードライバーは走る
――パク・ユニ（仁科健一訳）

障害者と共に生きる社会――ユ・ガンムン／チ・チャンウン／キム・チャンソク（武村みやこ訳）

ある福祉施設の死と虐待
――キム・チャンソク（中西恭子訳）

外国人障害者にも人権を！――ハン・ヘヨン（呉輝邦訳）

［韓国型福祉社会の現実］

社会福祉士がゆく
――カン・ソングン／イ・ボンヒョン（舘野晳訳）

韓方医紛争顛末記
――キム・ジョンウォン（蜂須賀光彦訳）

社会福祉―韓国と日本――安載蓮（舘野晳訳）

韓国型福祉社会の仮構と現実――株本千鶴

［歴史を見なおす］

朝鮮朝時代の本屋さん――朴垠鳳（清水由希子訳）

大臣はこうして選ばれた――朴垠鳳（清水由希子訳）

女性差別はいつ始まったか――朴垠鳳（清水由希子訳）

［小説］

伝説――申京淑（石坂浩一訳）

ティータイムのために――李鮮（朴福美訳）

第9号（一九九九年五月）

韓国人は不景気に負けない！

［「IMF」に負けない生き方］

渋滞するほど商売繁盛
――ソン・チャンソク（加藤美蘭訳）

地下鉄内のセールスマン――イ・ウォンへ（加藤美蘭訳）

ビニールハウス村の女子高校生
――キム・ソヒ（井上敦子訳）

料理を学んで〝IMF〟を料理

転職者泣かせのチェーン店経営――キム・ジョンス（新木厚子訳）
農村は意欲ある人を求める――キム・ジュノ（仁科健一訳）
萎れた小麦に肥やしを――ユン・ドングン（武村みやこ訳）
われわれはなぜ不法漁業をするのか――キム・チョンス（蜂須賀光彦訳）
老人を世話する老人ボランティア――具永鳩（蜂須賀光彦訳）
――キム・ジョンス（株本千鶴訳）

［「IMF事態」を読む］
韓国のIMFと庶民生活――李在植（舘野晳訳）
「IMF時代」を読む本――舘野晳
のど元すぎれば……？――小西明子
希望六分に失望四分――青柳純一
人は〝迷惑〟をかけあうもの――阿部由美子
韓国の失業対策――舘野晳

［IMF時代をレポートする］
待っている父母、帰れない子ども
――チョ・ソングン／ソン・チャンソク（蜂須賀光彦訳）
給料を貰えぬ労働者――イ・ウォンへ（舘野晳訳）
馬山輸出自由地域のこがらし
――ソン・チャンソク（仁科健一訳）
強盗に泣く外国人労働者
――チョン・ソンゴン（中西恭子訳）
海外移民の明暗――ハンギョレ21取材班（呉輝邦訳）
就職難の大学生たち――パク・ネソン（清水由希子訳）
商業高校卒業女性の前途
――ソン・チャンソク（清水由希子訳）
「IMF時代」のホームレス
――ノ・ジョンファン（井上敦子訳）
さびしい子どもたち――パク・ヨンヒョン（中西恭子訳）

［歴史を見なおす］
韓国民衆美術の一五年（上）――町田春子

［小説］
乾いた季節――孔善玉（蜂須賀光彦訳）
道――孔枝泳（石坂浩一訳）

[訳者・執筆者紹介]（登場順）

仁科健一（にしな・けんいち）
1958年生まれ。フリーライター。
共著：『海を越える労使紛争——問われる日本企業の海外進出』（日本評論社）、『データ BOOKs　現代韓国』（社会評論社）など。

舘野晳（たての・あきら）
1935年、中国・大連生まれ。自由寄稿家。主に韓国・中国との文化・経済交流をサポート。
訳書：金在国『日本人のための「韓国人と中国人」』（三五館）、韓勝憲『韓国の政治裁判』（サイマル出版会）、共訳：中国朝鮮族青年学会編『聞き書き　中国朝鮮族生活誌』（社会評論社）、金聖七『ソウルの人民軍』（ともに社会評論社）など。『出版ニュース』に韓国の出版情報を連載中。

石坂浩一（いしざか・こういち）
1958年生まれ。立教大学・フェリス女学院大学講師。
著書：『近代日本の社会主義と朝鮮』（社会評論社）、共著：『検証　日韓報道』（大村書店）、『在日朝鮮人と「赤ひげ」群像』（リベルタ出版）、訳書：孔枝泳『サイの角のようにひとりで行け』（新幹社）ほか。

町田春子（まちだ・はるこ）
1975年生まれ。ソウル大学大学院考古美術史学科在学中。

山下誠（やました・まこと）
1956年生まれ。神奈川県立岸根高校社会科教諭。
日韓合同授業研究会事務局、高等学校韓国朝鮮語教育ネットワーク世話人、ハンマダン副会長、日本韓国語研究会会員。

イ・ヘラ
1958年ソウル生まれ。生協運動活動家。90年から生協に関わり、94年、首都圏コープ事業連合（東京）での半年間の研修に参加。現在、韓国生協中央会国際部長。ソウル在住。

松村順子（まつむら・じゅんこ）
1942年生まれ。
私立橘中学校・橘女子高等学校教員。

新木厚子（あらき・あつこ）
1944年生まれ。東京経済大学図書館勤務。

[新韓国読本] ⑩
インタビュー・21世紀の韓国人

2000年5月31日　初版第1刷発行
編　者＊仁科健一・舘野晳
装　幀＊佐藤俊男
発行人＊松田健二
発行所＊株式会社社会評論社
東京都文京区本郷2-3-10 お茶の水ビル
☎03(3814)3861　FAX.03(3818)2808
http://www.netlaputa.ne.jp/~shahyo
印　刷＊一ツ橋電植＋平河工業社＋東光印刷
製　本＊東和製本

ISBN4-7845-0280-7　Printed in Japan